U0358608

大夏书系
十年经典

李泽厚论教育·人生·美

献给中小学教师

李泽厚 著

杨斌 编选

上海著名商标
ECNUP
华东师范大学出版社
全国百佳图书出版单位

目录
contents

李序

　　杨斌先生是苏州一中的资深教师。多年前和我联系，要写我的传记和编年谱，被我坚决拒绝。以后又写了我的诗词解析，我说诗无达诂，拒绝评论。这次又要做这个选编，我仍然不同意。他说以他多年切身体会，此书编选出版对中小学教师大有裨益；我说这是你偏爱或偏见，我从不认为我的文章有那么大的作用和影响。我想，人贵有自知之明，不能一到老来便发狂。但是，还是拗不过他。他多年一片好意，三番两次劝说我，我不能拒绝看他寄来的信和概要，看了之后更不好意思回绝他下了不少功夫的成果。但我拒绝看他编写的内容，包括他如何编选和编选甚么，我一概不闻不问。因为实在没精力也没兴趣再想和再看过去写的东西，而且一看就想改，改便失去了原貌。因此我要郑重声明，经杨先生同意，我对此书不负责任，功过是非，是好是坏，全由杨先生承担。版税也全归杨先生，尽管他再三推辞，我以"否则便不出书"逼他接受了。

　　书名也是他定的，我并不赞成，觉得太夸张，但想不出替代的，便加了个副标题。我一向认为，中小学老师在指引年轻人的人生道路上可以产生关键性的影响，比大学老师重要得多。那么，这本书就算我对中小学教师们献上的一份敬意吧，愿它能得到你们的喜欢。此为序。

2010 年 12 月 3 日于美国波镇

辑一　教育与未来

1 | 美育的广义与狭义

美育的范围非常广，可以有广义、狭义两种解释。

从广义看，美育不简单地是一个艺术教育问题，它是指一个人在人生境界所达到的最高水准。它是某种新感性的建立。所谓新感性，包含深刻的理性，它是一种渗透理性达到的超理性，它把一个人的社会性的东西同生理性的东西融合在心理中。这就不仅仅是道德、功利的境界。它不完全脱离道德境界，但比之更高一层；它也不完全脱离功利，它又是超功利的。在这个意义上，美育就关系到每一个人，关系到每一个人怎样去追求和建构自己的人生，不仅是追求灵魂的完美，而且是超过这种完美的"天人合一"。这里面似乎有某种神秘味道和目的性的东西，今天不能细讲了。总之正因为这样，美育才可以代替宗教。所谓狭义的美育，主要指艺术教育。艺术教育对人的心灵、行为、语言等各方面都有深刻的影响，而且就在数学教育中，也有美学规律问题。掌握、运用这些规律，对开发、促进智力发展特别是青少年智力发展也极有好处。

无论广义或狭义的美育，理论方面的研究需要大大加强，现在的确是太单薄了。只有在理论上把有关诸问题研究清楚，才能够真正有效地指导实践，把美育工作全面地深入地开展下去。美育工作的事业是大有可为的，随着社会的进步、发展，这一点也会愈来愈明显地表现出来。

（选自《走我自己的路》，1986 年）

2 | 以美启真

　　我高度评论皮阿惹，他在儿童心理的微观领域内几乎重复了马克思、恩格斯上世纪在人类历史的宏观领域中的发现。即并非先验的内在理性，也非逻辑、语法自身，而是实践操作活动才是所谓人的智力、理性、思维的基础和来源。物理经验知识和逻辑数学知识都应追源到操作活动。近些年国内介绍研究皮阿惹已经风行起来，这里不必多说了。总之，是实践操作而不是感知活动或语言活动才是认识论的基础和起点。皮阿惹再次证实了马克思的哲学观点。

　　这里要指出的倒是皮阿惹的弱点：他只注意了操作结构或形式本身，而没有充分研究和论证使用工具在实践操作活动中的地位和作用。皮阿惹强调论证了由理性的内化所构成的智力结构或思维形式（逻辑、数学等等），这种结构形式的超经验因果的普遍性，包括守恒、可逆、部分之和大于整体等等，确乎是实践操作本身性能（而不是经验对象的规律）的内化。但是，为什么动物的生存活动没有形成这种内化的理性？动物可以有某种归纳或演绎的经验行为，（恩格斯："……归纳、演绎……是我们和动物所共有的。"《马克思恩格斯选集》第3卷，第545页）但没有逻辑、数学和真正有普遍语义的语言。抽掉使用工具便不能说明这个根源问题。因之，皮阿惹从吮奶（人与动物所共有）来开始他的论证，便正是其论点走入生物学化（例如把儿童教育主要看作顺应生物的自然发生过程等等）的必然结果。我主张一方面要提倡从人类学角度探究原始劳动经由社会意识

（巫术礼仪）而提炼出思维形式（逻辑形式、语言文法、认识规律）的历史过程，其中包括像"自觉注意"、想象、类比等思维特征和功能的产生和发展诸问题；另方面要注意从教育学角度探究儿童在使用物质工具和符号工具以建立起思维形式的心理过程，其中包括像不同形体、色彩的物质和符号工具在唤起和培育自觉注意、想象、类比诸功能中的作用和影响诸问题。

尽管儿童由使用工具进到使用符号工具之后，尽管人类的社会意识取得观念体系的地位之后，它本身便具有不依附于前者（使用物质工具的活动）的相对独立发展性质，但它之所以能不断发展，就人类整体说，却又仍然在最终意义上有赖于外在的工艺——社会结构方面的物质发展。思维形式、逻辑结构、认识方法的变化，归根到底建筑在工艺——社会结构的发展变化上。也就是说，工具的丰富化、多样化、复杂化的历史进程（工艺的提高、科技的发展）所展示揭露的客观世界和因果关系的极大增多，使思维形式、逻辑结构和认识方法也不断细密、精确和丰富。就个体心理说，它日益丰富地提供为普遍思维形式所不能具有的独特的个体知识（personal knowledge），亦即使人拥有理性渗入的感性的自由直观，从而反过来推动普遍形式本身的发现与发展。即是说，个体使用符号语言之外的感性活动仍然是这种直观的重要基础。

正因为重视使用物质工具的活动，确立它在整个实践中的基础地位，这就极大维护了感性在认识中的重要意义。这就使认识论不仅要重视和研究人类的理性内化（普遍性），而且也要重视和研究个体的自由直观（独特性）。前者构成一般形式的智力结构，后者便是创造心理。

"自由直观"（即创造直观）由于包含理性的积淀，所以包含美的问题。它既不是理性思辨，不是形式推理；它也不是感性经验，不是单纯直感。它似乎类似康德的"理知直观"，即理性又直观，但并非只有上帝才具备。它似乎不可分析，却又仍然来自生活、实践。它常常具有某种诗意的朦胧，不可言说的多义，却拥有突破现有思维格局和既定经验的巨大力量。爱因斯坦把它叫做"自由的创造"，它不是逻辑的归纳或演绎，它不是纯理性的东西，而总与个体的感性、情感、经验、历史以至气质、天赋有关。这正是机器人所永远不可能具备的。

它到底是什么？还不清楚。哲学只是提出问题，希望未来的科学来作出回答。这里所可能说的只是，它可能与美学相关：对客体合规律性与主体合目的性相统一的主体感受可能是开启对客观世界的科学发现强有力的途径，例如对类比、同构、相似等强烈敏感、直观选择和自由感受便是与科学的真有关的。自由并非任意，美学和艺术中享有的自由正是科学中可以依靠和借用的钥匙和拐杖。无怪乎海森堡说，"美是真理的光辉"。彭加勒说，"发明就是选择。选择不可避免地由科学上的美感所支配"。而爱因斯坦和好些理论物理学家都是那么爱好音乐。［托马士·库恩："许多数学家和理论物理学家都酷爱音乐，其中有些人曾经难于决定搞科学还是搞音乐。"（《科学革命的结构》）完全失去感性经验作为工作刺激力的数学家和理论物理学家在音乐中得到了最大的补偿。］

这便是主体性在认识论上的两大方面：理性的内化的普遍智力结构和自由直观的个体创造能力。

（※ 节选自《关于主体性的补充说明》，1983 年）

3 | 教育学：未来社会的中心学科

人的命运包括人类的命运和个人命运。如开头所说，个人首先是与"大家"一起活着。我之所以强调实践而非感觉才是哲学的出发点，不仅因为就认识论说，实践形成人的理性构架，决定着作为认识的感觉或感觉材料（Sense data）；而且，更重要的是，对于人类整体如何生存延续的关注，一直是许多思想、宗教或哲学的焦点。

理性的发达使人们以为可以凭依它来设计社会乌托邦，但当列宁等把它付诸革命实现时，美丽的图景顿时成为真正乌何有之乡，支付大同社会梦的是亿万人的血汗、泪水与仇恨。从而经验主义自由派的稳健、渐进、改良、否定过分依赖性以及否定社会整体工程设计，反而显得实在和健康。

即使承认可由理性计算的"社会必要劳动时间"决定商品价值，也由于自由时间的增大而逐渐失去其支配社会存在的力量，从而理性愈益失去其"必然"性质，人类将面临真正的新的纪元。21世纪末也许真将成为"历史的终结"?！

但"历史的终结"不过是英雄时代的终结，激烈斗争的意识形态的终结，平淡无奇的年代将无限延伸。

生活不就更无聊吗？没有争斗、冲突、革命，人生不更乏味？人如何活下去？

不过，历史虽"终结"，社会仍存在。由百无聊赖而吸毒、而酗斗、而杀人和自杀，今日已然，明天更烈。于是，如何建构人性乌托邦，如何使每个个体的身心、潜能全面而健康地开发、成长和实现，就要提上日程。它是乌托邦，因为它是一种无限追求，没有结尾。但它首先大概将要求已充分发展了的个人主义、科学主义、商业化限定在一定度量内而不任其再恶性泛滥。"不仅是外部的生产结构，而且是人类内在的心理结构问题，可能日渐成为未来时代的焦点。语言学是 20 世纪哲学的中心。教育学——研究人的全面生长和发展、形成和塑造的科学，可能成为未来社会的最主要的中心学科。这就是本文的结论。也许恰好这是马克思当年期望的自然主义 = 人本主义、自然科学和人文科学成为同一科学的伟大理想"（拙作《康德哲学与建立主体性论纲》）。这也就是我所谓的"新的内圣（人性建设）外王（天下太平）之道"。

当然，历史终结毕竟还早，至少还需一二百年。当前是民族主义、种族主义、原教旨主义、新纳粹主义……各种沉渣泛起，似乎要把人类拖回到过去的年代。人们大概还需要支付大量的精力和代价，才能消弭这股历史的逆流和幽灵的重现。

我又仍然以为，这"消弭"主要端赖经济的发展。而且也只有"工具本体"的巨大发展，才可能使"心理本体"由隶属、独立而支配"工具本体"，这才是"内圣外王"的历史辩证法的全程。于是人类主体性才转而为个人主体性，它才可能使个体具有更为突出位置，而以追询"活的意义"、"为什么活"为始端。

（※节选自《实用理性与乐感文化·哲学探寻录》，1994 年）

4 | 教育的主要目的是培养人性

1

我现在提出一个命题："历史终结日，教育开始时。"这一点我过去只提及，没有多谈。以前的教育都是为其他的目的服务。封建社会为培育"学而优则仕"的士大夫服务，资本社会为培养工程师、科学家、医生、律师、会计师等等各种专家服务，而不是为了塑造人性本身服务。历史终结了，教育倒可以开辟新天地。现在人们对许多东西研究很深，但对人本身、人的头脑的生理机制、人的个体潜在能力的研究都是很不够的。这些方面还大有可为。包括气功、特异功能，现在的科学没法研究，但是到五十年、一百年以后，可能其中很多就可以研究了。这是从科学层面说的。从哲学层面说，是怎样研究去真正树立人性，即研究人怎样才能既不只是机器又不只是动物。也许只有教育才能解决现代社会所面临的——人既是机器的附属品又是纯动物性的存在的状况。这种分裂的人格，包括其中好些问题，如吸毒、暴力等，不完全是社会原因造成的（当然大有社会原因），而是人性中有许多问题。只有研究教育，研究人性，也许才能较好地消解这些问题。

2

我们还需要研究心理和教育的问题。从马克思到今天的各种形式的西方马克思主义，都没有提出一种关于人类心理的基本理论。有些西方马克思主义者，如弗洛姆和马尔库塞，从弗洛伊德的分析学中借鉴很多，但是他们的看法尽管深刻，却主要是批判性的。他们所关注的主要是无意识领域内的压抑机制，他们视无意识为一个受制于非理性和动物本能、充满冲突的领地。弗洛伊德关于无意识的理论假设其实有很大的文化上的局限。至少从中国的文化和历史角度看，无意识并不只是一个由动物性与本能构成的领域。我提出"文化心理结构"就是试图提出另一种把握人类心理机制的理论假说，我认为人是一种超生物的社会存在物。

文化心理结构强调文化和理性在无意识领域的融合过程。换句话说，在制造和使用工具这个前符号、前语言的物质实践的漫长过程中，通过文化积淀，无意识已被开始理性化。（附带说一下，我从根本上不赞同二十世纪主宰西方的以语言为中心的思想。在这个重要领域，我们亟需作出反思，克服新的"语言形而上学"或"语言拜物教"。）我们可以把人类的侵犯性和野蛮的、非理性的行为视为受压抑的动物性本能的残留，但更应注意它们与起源于社会、物质实践和群体活动的文化和社会行为相渗透相融合的方面，在这个意义上，教育就显得尤其重要。

教育不能狭义地理解为职业或技能方面的训练和获得，如在今天世界各地特别是在资本主义社会里那样。教育的主要目的是培养人如何在他们的日常生活、相互对待和社会交往活动中发展一种积极健康的心理。现在我们还有五个工作日，身处农业和不发达地区的人们承受着更为过量的工作。如果有一天全球都实施了三天工作制，情况就会大不一样。到那个时候，人类会做些什么呢？这是一个关系到我们未来的严肃问题，教育课题会极为突出。我们必须对此加以思考。

……

主要借助教育，关于人性的教育，关于人类本体性的教育，这一观念不仅仅来源于卢梭、席勒和马克思。比如，孔子就强调教育的重要地位。但是，可惜的是今天的教育很不重视人文，一味强调作为各种专家学者的职业和技能训练。这对于我们知识分子和教育工作者来说是一项十分现实的任务。

（※节选自《世纪新梦·与高建平、杰姆逊的对谈》，1998 年）

5 | 苍白无力的理想主义

《明报月刊》一再索稿，叫我谈谈 21 世纪教育问题，再三推辞已说不过去，但我确实没有什么新话可说。因此我想，与其复述多次讲过的意思，似不如干脆节录些旧作，重申一下自己不被人注意或一向被人轻视甚或嘲笑的某些看法：

这可能是唯物史观的未来发展方面之一，不仅是外部的生产结构，而且是人类内在的心理结构问题，可能日渐成为未来时代的焦点。语言学是二十世纪哲学的中心，教育学——研究人的全面生长和发展、形成和塑造的科学，可能成为未来社会的最主要的中心学科。这就是本文的结论。而这，也许恰好就是马克思当年期望的自然主义＝人本主义、自然科学和人文科学成为同一科学的伟大理想。(《康德哲学与建立主体性论纲》，原载《论康德黑格尔哲学》，上海人民出版社，1981 年)

我们可以把人类的侵犯性和野蛮的、非理性的行为视为受压抑的动物性本能的残留，但更应注意它们与起源于社会、物质实践和群体活动的文化和社会行为相渗透相融合的方面，在这个意义上，教育就显得尤其重要。

教育不能狭义地理解为职业或技能方面的训练和获得，如在今天世界各地特别是在资本主义社会里那样。教育的主要目的是培养人如何在他们的日常生活、相互对待和社会交往活动中发展一种积极健康的心理。现在我们还有五个工作日，身处农业和不发达地区的人们承受着更为过量的工作。如果有一天全球都实施了三天工作制，情况就会大不一样。到那个时候，人类会做些什么呢？这是一个关系到我们未来的严肃问题，教育课题会极为突出。我们必须对此加以思考。(《与 F. Jameson 的对谈》，《世纪新梦》第 218 页，安徽文艺出版社，1998 年)

历史终结日　教育开始时

我在《批判》、《提纲》两书中提出了工具本体与心理本体，特别是所谓"情本体"，以为后现代将主要是文化—心理问题。马克思主义所强调的经济乃社会存在、发展的动力这一基本原理仍然正确，但随着自由时间的增大，物质生产之受制约于精神生产而愈趋明确。从而社会存在决定社会意识的理论便太简单了。社会心理、精神意识从来就有其相对独立性质，在今日特别是在未来世界，它们将跃居人类本体之首位。这即是说，工艺（科技）社会结构的工具本体虽然从人类历史长河上产生和决定了人们的文化—心理结构，但以此为历史背景的后者，却将日益取代前者，而成为人类发展和关注的中心。这就是我所认为的："历史终结日，教育开始时。"教育不再成为其他事务（如培育资本社会所需要的各种专家，培育封建社会的士大夫），而将以自身亦即以塑造人性本身，以充分实现个体潜能和身心健康本身为目标、为鹄的，并由之而规范、而制约、而主宰工艺（科技）—社会结构和工具主体。这样，自启蒙时代起到马克思主义止的理性主义的基本线索，亦即作为今日资本世界最高准则的科学主义、个人主义、自由竞争等等，便将规范在一定限度内而不再任其无限膨胀，从而也避免激起其反面之反理性主义、神秘主义、纵欲主义等等的恶性回应。这就是我结合中国传统所提出的"新的内圣外王之道"，也就是我所谓"经过马克思而超越马克思"的"西体中用"的"后马克思主义"或"新马克思主义"。（台湾版《我的哲学提纲》序，三民书局，1996 年）

……孔学儒家的"学"，主要指现实的实践行为，而非书面的诵读研究。因此，"学"在《论语》以及儒学中有广狭两义。狭义才指"行有余力则以学文"的"学"，即指学习文献知识，相当于今天的"学"：读书、研究等等，孔门当然也非常重视。但整个讲来，孔门更强调的是广义的"学"，即德行优于知识，行为先于语言。关于道德（行为）与知识（语言）的关系，可与希腊哲学和苏格拉底相比较其异同，本读各章均将提及这一问题。这也就是我以前提过的是"太初有为"还是"太初有言"的问题。（《论语今读》第 36 页，香港天地图书公司，1998 年）

凡此种种，还有许多，不必再录。因为所有这些"乐观的"话语，大概只是苍白无力的理想主义的"迂腐"空论，被人轻视，理所当然。以功利主义为主要基础的现代高科技的飞速发展，对人文教育的冲击，负面大于正面。我相当悲观。人文教育、人文学科无论在基本观念、"指导思想"、格局安排、教材采用、教学方面等各方面都日渐沦为科技的殖民地。人也愈来愈严重地成为一半机器一半动物式的存在者。怎么办？不知道。作为人文工作者也只能发些空喊。也许，从个体闲暇时间将大量增多的远景看，这些空喊会产生意义和影响。但在目前，则不过精卫填海、杯水车薪，无济于事的。

（选自《世纪新梦》，1999 年）

6 | 天地国亲师

我之所以强调政治与宗教、政治与道德的区分；之所以强调即使在道德层面上，也应将"宗教性道德"（个体的安身立命，终极关怀）和"社会性道德"（自由、平等、人权等现代生活的共同规范）区分开来；之所以强调改"天地君亲师"为"天地国亲师"，强调"国"不能再是政体、政府、政治，而只是家园、乡土、故国；之所以强调"宗教性道德"得由个人自由选择，群体（包括政府）不应干预；"社会性道德"则应由群体（包括政府）积极通过教育、法律等尽速培养建立，等等等等，都是为了分析传统文化、解构原有的"政教合一"，以进行"转换型的创造"。其实，早在这个世纪初（1902年）梁启超便谈过"公德"与"私德"的问题，相当接近我今天所讲的这两种道德。他强调中国人缺少"公德"（即我所讲的"社会性道德"），将"私德"（我所讲的"宗教性道德"）替代了"公德"。……其实，只有区分了"公德"与"私德"、"社会性道德"与"宗教性道德"，然后才能使这两种道德得到各自的良好发展，并使两者之间建立起真正的良性互动。我在《中国现代思想史论》一书中曾初步提到：

"例如，对待传统中占有突出位置的所谓孝道，便不能再是如五四时期那样简单地骂倒，更不能是盲目地提倡，而是应分析传统孝道产生的社会经济政治基础（农业小生产、家长制下产生的人格依附性质）。今天的亲子关系当然不同，这是在经济政治完全独立、彼此平等的基础上的稠密人际的情感态度。从而它不能再是传统的父父子子，也不是重复五四时期的'我不再认你为父亲，我们都是朋友，互相平等'，而是既在朋友平等基础上，又仍然认作父亲，即有不完全等同于朋友的情感态度和相互关系。敬老亦然。它不应再是天经地义的论资排辈的规范、秩序、制度或习惯，而只能是一种纯感情上的自愿尊敬和亲密"。

"例如，在商品经济所引起的人们生活模式、道德标准、价值意识的改变的同时，在改变政治化为道德而使政治成为法律的同时，在发展逻辑思辨和工具理性的同时，却仍然让实用理性发挥其清醒的理知态度和求实精神，使道德主义仍然保持其先人后己、先公后私的力量光芒，使直觉顿悟仍然在抽象思辨和理论认识中发挥其综合创造的功能，使中国文化所积累起来的处理人际关系中的丰富经验和习俗，它所培育造成的温暖的人际关怀和人情味，仍然给中国和世界以芬芳，使中国不致被冷酷的金钱关系、极端的个人主义、混乱不堪的无政府主义，片面的机械的合理主义所完全淹没，使中国在现代化过程中高瞻远瞩地注视着后现代化的前景。"

这即是说，以个体主义的现代生活为基础的"社会性道德"（"公德"）与注重个人修养、稠密人际关系的"宗教性道德"（"私德"）既相区别又可补充。特别是"宗教性道德"对"社会性道德"有一种指引、范导作用，中国传统在这方面可以做出贡献。因为这传统不止是古典书本上的教义、信条，而是千百年来积淀下来的中国人的"文化心理结构"，它是一种活的传统。如果在现代化的物质生活上赶上西方，而又尽可能避免今天美国生活方式中的种种弊病，不就可以避免前面所说的那种人类的灾难吗？这方面不还大有可为，值得努力去做吗？当然，在文化方面还有许多问题可说。例如，我一直反对精英政治，反对知识分子的优越感，主张淡化精英意识；但由于中国有悠久的"士志于道"的士大夫传统，在今日现代化和后现代社会中，比起现今资本主义（如美国）来，在引领政治民主方面，在指导客观经济方面，在文化、教育方面，特别在抵制、反对资本、金钱对大众传媒的主宰支配方面……，人文知识分子是否可以扮演更为重要、更为中心的角色呢？我认为，这是有可能的。事在人为，应为此奋斗。这是不是与反对精英意识相矛盾呢？我想不是，士志于道，道就在伦常日用之中，你只有把自己划作普通人，不居高临下，也才能够真正为老百姓着想和办事，所以两者倒是相辅相成的。此外，我以为，不止在中国，而且在全世界，教育问题将日益迫切。下个世纪以后将日益成为以教育为中心的时代，人文知识的责任就更重大。这也就是我所希冀的"第二次文艺复兴"。第一次文艺复兴是回归古典希腊，从神的统治下解放出来，提出了人性问题。这次文艺复兴则可能回归古典东方，从机器的统治下解放出来，重新确立人性。这也就是我讲的"西体中用"的遥远前景。这样，也才能使这个拥有世界人口四分之一的广阔土地上出现一条真正的新路，从而对整个人类文明作出贡献。

……

我以为在新时代有个很根本的问题，即教育问题。下个世纪，再下个世纪，全人类应该以教育为中心学科，这是一种新的教育。中国传统是士大夫教育，"学而优则仕"。资本主义的教育是培养大量的专家：工程师、律师、医生等等。新时代的教育，是如何建立一个人，是研究如何建立健全的人性。人不同于动物，不能把人性归结为动物性。人性也不是机器性。现在人在工作时几乎只是机器的一个部分，人被电脑统治了，人从这种工作机器中逃脱出来，便进入了一种纯动物性的求欢和感官刺激之中。人于是又变成了动物。这就是一个"异化"了的世界。因此什么是真正的人性，如何去培养和确定它，以充分地自由地发展和实现人的个性和潜能？这就是任务所在。其实马克思讲过这一点，这才是未来的共产主义。所以孝、悌、忠、信不是一种先验的需要，而是通过教育培养出来的某些情感或情感的成分、要求。机器人没有情感，要干什么就干什么。动物也没有情感，是情欲。动物不会写情书，只有人才有多种多样的爱情描写，文艺中大讲爱情、死亡这些问题，这就是人性情感。

（※节选自《世纪新梦·再说西体中用》，1995 年）

7 | 人文教育不能是功利主义的

二十世纪是科学技术加速发展的世纪，是科学技术最广泛、最深入地进入人们日常生活的一个世纪。科学技术极大地提高人类的物质生活质量，使人类往前跨进了一大步。但是，科学技术也使许多人变成它的奴隶。人变成电脑的附属品，人被机器所统治。这恐怕是人类面临的最大问题之一。

异化是一个巨大的题目，但又非常具体。如何摆脱机器的支配，如何摆脱变成机器附属品的命运，这又涉及到"教育"这一关键。

人要返回真正的人，除了必须摆脱机器统治的异化，还要摆脱被动物欲望所异化，这两者是相通互补的。人因为服从于机器，常常变成了机器的一部分，工作和生活都非常紧张，单调而乏味，因此，一到工作之余就极端渴求作为生物种类的生理本能的满足，陷入动物性的情欲疯狂之中，机器人就变成了动物人。这样人实际上就成了一半是机器，一半是动物。二十世纪七十年代我就提了这个问题，但未展开论述。

我说二十一世纪应当是教育学的世纪，也是说应当重新确立"意义"，不能像二十世纪一味地否定意义、解构意义。通过教育，重新培养健康的人性，便是重新确立意义。

语言重要，但语言不是人的根本。语言是人不可缺少的工具，离开语言人就无法生存。人通过语言使自身更加丰富，更加多彩，但语言不能代替人本体。

我一再讲的是两个本体，一是制造和使用工具的工具本体，通过制造工具而解决衣食住行的问题，这是与动物的区别，动物只能靠它们的四肢，人则靠工具维持生存，这是物质本体。另一个是人通过各种生活活动使得自己的心理成长，人有动物情欲，要吃饭，要性交，这是人的动物本能，但人在这些活动中所产生的心理不同于动物的心理。人不仅和动物一样能性交，更为重要的是人会谈恋爱，这就不一样。而人的恋爱有非常复杂细致多种多样的情感，能通过写信、交谈、写诗、写各种文学作品来表达，即弗洛伊德所说的"升华"。动物性的要求、感觉都会升华，而且因人不同，这就形成个体差异。这种心理通过文化（如文学艺术作品）的历史沉积，使人性愈来愈丰富，而个性差异也愈来愈突出。所以不仅是人的外部世界不断变化，人的内部世界也不断变化、丰富。我以为现代人的感性不知比原始人精致、周密、丰富多少倍，所以我不赞成一厢情愿地盲目崇拜原始人、自然人。我不赞成卢梭。复杂并不是坏事。当年批判知识分子比工农的情感复杂，批判欣赏月亮是"小资产阶级情调"，我想，难道看月亮联系到大饼就是高超、优越的工农情调吗？

我们讲主体性，讲人的价值，很重要的一点是讲人的自由的可能性。在机器面前人失去自由，这是一个根本问题。如何去恢复这种自由？这里有一个如何争取自由时间的具体课题。科学在继续发展，人的工作愈来愈难离开机器。我们的办法不是去打碎机器，而是想办法争取更多的自由时间、私人时间、情感时间。现在每个星期工作五天，将来要是能减少到三天，有四天的私人时间，人的价值就不同了。当然这里还要注意如何摆脱、克服社会机器、广告机器等等的控制问题。今天人的自由时间也常常被它们所左右和主宰了。

现实的自由时间太少，一个星期有五天或更多的时间要作为机器的附件，这就意味着人还是作为工具本体存在着，或者说被工具本体统治着，只有自由时间多于工作时间，心理本体占统治地位，人性才能获得发展。这才是历史唯物论的辩证法和出路。

（1996 年）

我于一九九六年台湾版《我的哲学提纲》序言中曾说："历史终结日，教育开始时"，并说明教育不应再成为实现其他事务的手段，如成为培育资本社会所需要的各种专家、培育封建社会所需的士大夫的手段，而应当以自身即以塑造人性本身、以充分实现个体潜能和身心健康本身为目的、为目标，并由此而规范，而制约，而主宰工艺（科技）——社会结构与工具本体。

中国传统（特别是儒学、孔子）是以"教育"——"学"为人生要义和人性根本。那么什么是"学"？我在《论语今读》"学而"第一章曾做过这样的解释："本章开宗明义，概而言之：'学'者，学为人也。学为人而悦者，因人类即本体所在，认同本体，悦也。友朋来而乐，可见此本体乃群居而非个体独存也。"在《论语》以及儒学中，"学"有广狭两义。狭义是指"行有余力则以学文"的"学"，即指学习文献知识，相当于今天所说的读书研究，但就整个来说，孔门更强调的是广义的"学"，即德行优于知识，行为先于语言。我所说的"教育学的世纪"，就是教育应当返回到"学为人"、"德行优于知识"以塑造人性为根本之古典的道。

近年来我的思考重心虽然是情感本体，但是七十年代末与八十年代初，我就预感到这一点。我在一九八一年发表的《论康德黑格尔哲学》中就说："这可能是唯物史观的未来发展方向之一：不仅是外部的生产结构，而且是人类内在的心理结构问题，可能日渐成为未来时代的焦点。语言学是二十世纪哲学的中心，教育学——研究人的全面生长和发展、形成和塑造的科学，可能成为未来社会的最主要的中心科学……这也许恰好是马克思当年期望的自然主义 = 人本主义、自然科学和人文科学成为同一科学的伟大理想。"这篇文章写于二十年前，那时中国经济处于崩溃边缘，生产力遭到严重破坏，因此，我的思考重心不能不放在"工具本体"作为"基础"的问题，但是我也预感到未来时代的焦点并非工具本体问题。二十年来世界科技的迅猛发展，使我感到这个焦点已无可回避。教育面临的最关键的问题乃是能否把人培育成为一种超机器、超生物、超工具的社会存在物，而不是机器的奴隶和仅能使用工具的存在物。

你刚才说不能以"生存技能"为教育的目的，这是对的。如果以此为目的，就失去人文前提。前两年我和詹姆逊（F. Tameson）对话时就说到这一点，教育不能狭义地理解为职业或技能方面的训练和获得。教育的主要目的是培养人如何在他们的日常生活、相互对待和社会交往活动中发展一种积极健康之心理。现在我们还有五个工作日，身处农业和不发达地区的人们更承受着过量的工作。如果有一天全球都实施了三天工作制，情况就会大不一样。到那个时候，人类会做什么呢？这是一个关系到我们未来的严肃问题，教育课题会极为突出。也就是说，到那个时候，"格心"的问题、"第三进向"的问题、"人的自然化"问题就显得格外突出。

美国中学的这种趋向可能还会反映到大学中。以功利主义为主要基础的现代高科技的飞速发展，对人文教育的冲击是负面大于正面。我对未来相当悲观。人文教育、人文学科无论在基本观念、"指导思想"、格局安排、教材采用、教学各方面都日渐沦为科技的殖民地。人也越来越严重地成为一半机器一半动物式的存在。怎么办？不知道。作为人文工作者大概也只能发些空喊。

这种效应肯定有，而且会影响社会的各个层面。经济这一社会存在的力量的确太强大。但是我们又不能认为马克思的"社会存在决定社会意识"是个绝对真理，而应当承认社会心理、社会意识有其独立的性质，而且随着自由时间的增大，物质生产受制约于精神生产这一面的可能性与现实性也愈趋明确，因此，高科技的发展以及随之而来的科学至上、技术至上观念等等，也可以通过人文的力量给予制约，将它规范在一定的限度内而不再任其无限膨胀。

面对高科技的发展，提出"科教兴国"的口号是好的。但是，不能把这一口号当作斗争策略，只着眼于"国"，不着眼于人。只着眼国力的强盛，就会只顾技术，不顾教育，其实，真的要兴国，首先得兴人，用鲁迅的话说，便是先立人而后立国。而立人的关键是人文教育。以往的人文教育的确受到意识形态的冲击，人文教育的内容主要是政治意识形态内容。在高科技时代的影子下，人文教育可能更无栖身之所。这样看来，还真的会变成双重殖民地。

只有体育、智育的教育，是以功利主义为基础，意识形态的教育，也是以功利主义为基础。而人文教育恰恰不能是功利主义的。它要着眼于民族与人类的长远前途。如果谈功利，那么文学艺术是最没有用的。但这种"无用之用"，恰恰是百年大计。

（2004 年）

（※选自李泽厚、刘再复《关于教育的两次对话》，《东吴学术》2010 年第 3 期，限于篇幅，收入本书时仅保留李泽厚的谈话内容。）

注：

关于"格心"、"第三进向"，刘再复在谈话中说：钱穆先生用中国古代的哲学语言，认为应培育学生有格天、格物、格心的能力，格天、格物都是人与自然的关系，而格心则是人本身的心性。二十一世纪的教育应回到以"格心"为前提、为目的的中国古典传统。这一意思如果用斯宾格勒的语言来表达，那就是对人的第三进向即第三维度的培育应成为教育的主要目标。他在《西方的没落》一书中说，人除了宽度及长度（世俗平面维度）之外，还需要有深度，所谓深度，就是第三维度，就是人文维度。

8 | 要启蒙，不要蒙启

问：去年，中国第一所海外"孔子学院"在韩国汉城挂牌。据中国国家汉办透露，中国计划在未来几年内在全世界建立一百所"孔子学院"。有媒体将此事件解读为"汉语将改变世界大脑"，您怎么看？

答：实际的情况似乎是，外国人要与中国人做生意，急需汉语人才，如此而已。

问：去年的"传统文化复兴"系列事件，发生在中国加入WTO、全球化步伐日益加快之时。您去年秋天与学者陈明有一对话，把"思想界开始重视本土文化资源"解读为"由于中国近十年来之经济发展国力增强"。您是想说后者（中国近十数年来的发展）颇多得益于前者（本土文化资源）吗？

答：不是的。

"本土文化资源"这个概念太宽泛，不清楚。确切地说，中国传统的"实用理性"在这里发挥了相当的作用。

上世纪八十年代人们喜欢将自己"事事不如人"全归结为"文化不行"，于是反传统。我曾经批评过、反对过，惹来不少咒骂。现在，经济发展、国力增强了，发现自己并非"事事不如人"，又开始吹嘘自己的传统文化如何了不起。对此我也反对，结果又会有人骂。

问：您似乎对蒋庆先生倡导少儿"读经"不甚以为然——"不反对"而已，能具体说明吗？

答：我不欣赏"少儿读经"之类的笼统做法、提法，它很难与当年袁世凯的"尊孔"彻底分清。蒋庆甚至公开谴责蔡元培当年取消读经。在我看来，如果五四那批人是"启蒙"，那么现在一些人就是"蒙启"：把启开过的蒙再"蒙"起来。

我说不反对，是因为蒋先生是民间的自发活动，人各有自由，他可以去尝试。

问：蒋庆先生认为，"李泽厚先生主张把公德和私德分开是不能成立的"，对此您怎么看？

答：公德私德之分并不是我提出的，梁启超早就提出了。我是主张培育宗教性道德的，但我不赞成笼统地提倡"读经"。

儒家经典中的许多道德是与当时的政治法律体制和生产、生活方式联系在一起的，它产生在已有严格等级的氏族社会中，发展在专制政治体制的传统社会里。所以"天尊地卑，乾坤定矣；卑高以陈，贵贱位矣"，"天王圣明，臣罪当诛"等等便是这种道德的核心内容。"经"也有一大堆，"四书"、《诗经》以及《周易》、《礼记》可以选读一些，但尚书、春秋（这是蒋先生视为至宝的）也要人去读去背吗？《仪礼》、《周官》、《尔雅》呢？需要人人必读吗？我以为不需要。

问：蒋庆先生认为，五四以来，中国的知识分子普遍地戴上西方文化的有色眼镜，认为儒家文化压抑人的独立，其实并非如此。比如孟子讲的"浩然之气"等。蒋先生有一句反问："难道两千年来西方的知识分子是走过来的，中国的知识分子则是爬过来的？"

您怎么看他的这些评论？

答：关于"儒家人格"，我上世纪八十年代写的《中国古代思想史论》似乎并不比上述评价低。

至于那句"反问"，我以为那只是缺乏论证并无学术意义的煽情语言。现在问题之一还是一些知识分子喜欢耸人听闻，以煽情的激烈话语来鼓吹"民族精神"或"道德义愤"，我以为这是危险的。

余英时说，当年五四反传统的人物，都是饱读旧笈、深知传统的人，今天反传统的人物其实并不知道传统为何物。我觉得今天某些提倡传统或传统道德的人也大体如此。从他们的言谈论著行为活动中看不出一点传统的影子，看不出一点孔老夫子那种"温良恭俭让"、"知之为知之，不知为不知"的道德、精神或风貌。

所以，剩下的便只是激情口号、妙论奇谈。

问：一些学者在此次论战中对少儿"读经"表示了同情。如秋风先生，他说："从二十世纪初一直延续至今，全盘反传统已经成为现代中国人本能的意识形态。当年有人呐喊不读中国书，因为中国书所教导的都是愚昧无知。过了近百年后，这个声音依然清晰地回响在我们耳旁。"

您怎么看他的这个判断？

答：我不大相信全盘反传统已成了现代中国人的本能意识。

其实从五四时代起，并没有多少人真正"扔掉中国古书"（"文革"是例外），只是少读了许多罢了。今天从小学到研究生，读的大半是数理化、电脑、科技，所以我是主张读点中国古书的。特别是《诗经》、《论语》等等，不然，我费时费劲去写一大本《论语今读》干什么？

但是，我反对不分青红皂白地提倡"读经"，那样可能会从小就培育原来传统政治体系所需要的奴性道德。

（节选自《李泽厚近年答问录》，2005 年）

9 | 如何培养有开拓精神、有创造性的人才

问：你如何看，如何培养有开拓精神、有创造性的人才？

答：开拓精神实际上是一种能力、素质。中国留学生的考试成绩突出，但实验动手能力却不如外国学生。长期以来我们只重视让青年学到书本上的知识，却不注意培养他们的能力，忘记了学习知识的目的是什么。不学知识当然得不到能力，但知识本身并不代表能力。有位科学家说过，科学发现就是选择，这就要善于判断。我们应当培养青年判断、选择的能力。对待知识本身，也需要选择。

前段时间报刊掀起了各种知识竞赛热，知识竞赛不应太滥。我见到不少琐碎无聊的题目，连专家也未必需要知道或记忆的"知识"。青年的读书热情很可贵，让他们去学、去记一些没有意义的知识，不是好的方向。在接受具体的知识时，青年人首先要注意的是科学的学习方法，建立合理的知识结构，要以创新为目标，而不应把任何东西都当知识来记，这样记的结果，只能使思维迟钝。世界上的大多数科学发明，都是由知识积累有限、但富于创新、挑战精神的年轻人完成的。

问：那么是否知识不重要呢？

答：不，恰恰相反。知识面越宽广越好。有的学者提倡青年自学要早一点专起来，这当然是好意，也不无道理；不过，我觉得现在青年读书存在的问题还是狭，知识面太狭。我主张青年要博览群书，不要过早地去钻某一点。"术业有专攻"，在什么基础上去攻呢？最好能

在雄厚的基础上去攻。只有这样，才能较快地攻出成果。过早地去攻，恐怕难以出成果，欲速则不达。现在的大学分科分得太细，各科之间"鸡犬之声相闻，老死不相往来"，这不利于广泛地吸取知识营养。鲁迅早就提倡搞自然科学的读一点文史书籍，搞文学的学一点自然科学知识，"触类"可"旁通"。听说清华大学准备开办中文系，这倒是一件大好事！

问：哲学年鉴刊登了你喜欢的格言，引起了一些青年的兴趣，它们是什么？

答："有得于内，无待乎外"；"静如处子，动如脱兔"；"先立乎其大者，则其小者不可夺也。"

……

问：您所著的《中国近代思想史论》、《批判哲学的批判》和《美的历程》，出版后很受欢迎，尤其是在青年人中间。从研究范围上看，三部书一部讲近代思想史， 部讲康德，而另一部则谈美学。它们之间，有什么实质性的联系吗？

答：若说联系，我想也许在于书中谈到的问题，都或多或少与现实生活有所关联。从题目上看，三本书全在讲过去，但起点却出于对现实的思考。例如，讲康德我是联系当代马克思主义哲学中的重要问题来讲的。《中国近代思想史论》和《美的历程》也是想对我们时代、民族、文化、艺术以及我们的哲学，获得某种自我意识。回顾过去是为了展望未来，也许，这就是三本书的共同点吧。

问：您现在正进行什么工作？

答：我正在弄一本《中国古代思想史论》的论文集。……我这本书所研究的问题和现在的一些著作不完全一样，比如孔子吧，有多少部哲学史就可以说有多少位孔子，每个人都有他所理解的孔子，并且都认为这才是那个"真正的"孔子思想。我的兴趣却不在这里，而主要是想探究一下两千多年来已融化在中国人的思想、意识、风俗、习惯、行为中的孔子，看看他给中国人留下了什么痕迹，给我们民族的文化心理结构带来了什么长处和弱点。这个孔子，倒是个活生生的，就在你、我、他以及许多中国人中间。

问：看来这也是一部有现实意义的书？

答：我希望如此。我们长期闭关自守，现在正真正走向世界，和各民族大接触大交流。在这样的情形之下，反省一下自身的文化和心理，获得清醒的自我意识，减少盲目性，我觉得这正是哲学史工作者在中国的现代化建设道路中可以或应该做的工作。

问：从您所谈的看，您每写一部著作都有现实的追求？

答：我不想为写书而写书。我常想，图书馆有那么多书，我再加上一本，究竟有多少意义？有些同仁搞学问则是因为觉得"好玩"，是出于某种高雅趣味，但我也很少这种兴致。

问：人们在读您的著作时，往往有这样一个印象：您的观点很新鲜、论述很简洁，但引证、考据比较少，和好些学术著作的写法不大相同。在这个问题上，您有什么想法？

答：……我觉得，在某些情况下，先"见林"比先"见树"更重要。坦率地说，对于当今一些大的理论框架，我是不大满意的，很希望自己的书能在大的方面见见"林"，也许是比较模糊的"林"，但希望能对别人有所帮助。我的工作，主要是提出问题，如此而已。就思想史而言，研究至少可以有两种方法，一种是历史学家的方法，一种是哲学家的方法，历史学家的方法主要着眼于历史事实本身的真实、准确和清晰，对任何细节都不放过；哲学家则主要是借历史来发表个人的见解，所以往往把历史和现实联系起来……

问：看来，您更愿意做一位哲学家了？

答：这并不是我想做什么，而是现实的需要。鲁迅大可去写他的文学史，但他偏偏选择了杂文。为什么呢？我们的事业不是个人的，需要大家一起干。我的书也许没有什么长久价值，但只要有一两句话能够引起当代人们的思考，对青年人有所启发，我也就感到欣慰和满足了。我不追求和空想"永恒价值"。

问：您谈到的"永恒价值"，恐怕是人们很难绕开的问题。……您对您的著作以及您生命本身的"永恒价值"，恐怕不是没有考虑吧？

答：那当然。我从来不为稿费写文章，也不为名声和"好玩"而工作。人的一生很短促，怎样使生命变得更有意义？这也许是促使我写作的真正动力。其实我完全可以干别的，或许也能干得好。为什么选择现在这项工作？这问题一两句话谈不清楚。我常劝青年人去读读歌德的《浮士德》，这是一部很有意义的著作。在浮士德的几个生命里程中，爱情也好，功名富贵也好，都没能满足他。那么最后是什么使他满足了呢？这就是一个有关人生意义的问题。海德格尔说，哲学中的一个根本问题是死亡问题。如果你知道你很快会死去，你同时也就意识到你现在还活着。那么，活着又意味着什么？为了什么？如何活着？这确实是人们难以绕开的问题。

至于我的工作，我想没有人愿意自己的书很快就被人遗忘。我的书主要是为青年人服务，不过写作时我从没有想过怎样迎合青年人。我希望能找到一些时代所需要的、应该有的东西，能抓住一些客观的、有价值的东西。我相信，真正有价值的东西是不会被埋没的。

（※ 节选自《走我自己的路·答记者问》，1986 年）

10 | 教育是个大问题

"那种填鸭式教学是最残忍的教学"

问：近几年，国内掀起了一波又一波的"国学"热，很多学校也以各种不同的形式积极介入，比如开设国学班，等等。您怎么看这些问题呢？

答："国学"这个概念太含混了，所以这个问题很难回答。国学若真的热起来，我觉得没有什么不好的，关键是我不知道国学究竟指的是什么东西。某些学者，我讲的是某些，不是所有，某些学者只是做一些表面工作，没有什么意义。如果你能在理论上提取一些有价值的东西，在实践上做出一些范本，那就非常好。但现在实际上是让孩子记这个记那个，理论上绕来绕去还是讲原来那些东西，而且还自认为我这个东西才是最好的。其中一些人，以国学来反普世价值。你说未来的孩子如何跟世界接轨，就头脑里记的那些四书五经就可以接轨？不可能吧。

问：这其实也反映了中国教育的一些突出问题。您觉得呢？

答：我觉得是现在的教育体制问题太大，从幼儿园到大学，到研究生，到高校教师，问题太严重了。从中小学开始，搞那么多课程，把学生逼得那么紧，一些人才都被他搞傻了，真有得神经病的。毛泽东当年主张废除考试，现在看来，是有那么一点道理的。

现在的学校，不管三七二十一统统用分数来评比，用这种方式来激励学生学习是错误的，应该引导学生对学习本身、对学科本身有兴趣，那是内在的兴趣，自己有兴趣，例如他对数学有兴趣，对物理有兴趣，对历史有兴趣，他本身觉得有意思，他愿意去学。教学的核心目标正是要引导学生这样。评比是外在的，他几分，我几分，那是副产品。你学得好的话，你当然就考得好嘛，有时也不一定每次都考得好，有偶然性嘛。但总之，分数只是一个副产品，而且不是最重要的副产品，现在把副产品当成正产品，用这个激励学生，那是伤害学生！学习兴趣怎么能靠评比评出来呢？有些很好的学生，成绩不一定好，那有什么关系？就像爱因斯坦，他16岁以前，学习成绩都很差。

要好好研究心理学、教育心理学。教育的关键是怎样让儿童心理正常发展。心理发展、人格健全最重要。而现在普遍存在的那种填鸭式教学是最残忍的教学，它只能摧残青少年儿童的心理。

我记得1986年还是哪一年，电视台居然考"《红楼梦》有多少个梦"，这太荒唐了！我当时说专家也不需要知道《红楼梦》里有多少个梦，完全可以回答说《红楼梦》就是一个梦，整个都是梦，或者根本没有梦。让学生把《红楼梦》里有多少个梦作为知识来竞赛，那不是坑学生，故意要把学生弄傻吗？

问：体制一有问题，什么都跟着荒唐，包括考试。

答：我不是说考试一概不要。问题是考试不能作为根本方式，包括刚才说的评比，你多少分，我多少分，这些都会造成大问题。这个当然不是老师的问题，主要是体制有问题，老师也是苦不堪言。大学教师也一样，人人都要有什么项目，什么课题，一大堆。没有课题、项目，只想潜心读书、研究，怕也不行。真是岂有此理！结果制造的都是废品，都是垃圾，因为大家到时都乱抄一通，你抄一些，我抄一些。比数量，比出书，以前要是也这样，王国维、陈寅恪早就下课了，教授也当不成了。你看汤用彤、金岳霖有几本书？没有几本书嘛，生前就是两三本书，这就够了。他一本几万字的小书，抵得上人家几十万字。文章和书要的是质量，不是数量。

教育心理学很重要，它将来会超过经济学、物理学

问：李老师，您一再强调教育学的重要性，您觉得教育学有没有可能真正发展成为一门独立的核心学科？

答：在我看来，在未来，大概是比较遥远的未来，教育学会成为核心学科。以前封建社会是培养士大夫，他学好了就去做官，"学而优则仕"。在资本主义社会，就是培养各种专业人才，医生、工程师、科学家、经营管理人才，各行各业，也的确需要这些人才。但是教育最终的目的，是培养全面发展的人，是让每一个人都全面发展。何谓人的全面发展？就是每个人的潜在的能力都充分发挥出来。这对一个人来说是最大的幸福。每个人的潜力不一样，这好比每个人的脸都不一样。个人的潜在能力的发现是不容易的，有的人一辈子也不知道自己能够干什么。所以教育要发现、引导、培养，让人的潜能充分发挥出来，真正地实现自我。这对社会来讲，也是贡献。

教育是需要建立在生理学、生物学、心理学高度发展的基础之上的。那个时候的教育学，以及教育心理学，一定是很重要的。比如说，把人的基因搞清楚了，知道你身体哪方面有特点、有优点或有些问题，这个就是研究教育心理学的基础。教育心理学将来是一个核心课程，因为一切目的不就是为了人类的生存发展吗？生态环境跟人必须有个和谐关系，不能破坏，"人"本身也有一个内在自然的和谐关系，也不能破坏。人本身就是动物，也是一个自然生态，这个"内在"，包括人的情感、人的意愿、人的能力、人的欲望等等。教育心理学就是研究人的内在自然的一个学科，研究它的自然性和它的"人化"，亦即如何培育人。随着这些研究的深入，教育心理学必定超过经济学、物理学。当然这是未来的事情，不是现在。我不知道我讲清楚了没有。

"体制不变，谈什么独特校风"

问：学校文化建设，也是当下教育的热门话题。您是怎么看学校文化建设的？

答：首先学校要把教育搞好。教育就是学校的文化。你是怎么培养人的，这本身就是一个文化问题。文化建设不是表层的事，而是一个非常深的工作。"教育—育人"的重要性远远大于文化的其他方面。

问：很多学校领导，包括一些教育官员，都非常强调学校的文化建设。有一种感觉是什么呢，就是好像陷入了一种文化绝对论，好像一谈文化，什么问题就都可以解决了。

答：那你该问什么叫文化。文化有一百多个定义。吃饭也是文化，吃饭时用刀还是用筷子也是文化，到教堂里拜耶稣也是文化。那文化是什么东西，首先要搞清楚。比如说你的学校有什么样的一个文化气氛？气氛是个很微妙的东西，是人的一个感受。你学校的环境，教师的专业特点、授课方式和他的品德、修养，他跟学生的交往，这些都和这个氛围有关系。以前每个学校都有自己的特色，大学如此，一些著名的中小学也是如此。现在都一塌糊涂了，不管是高校，还是中小学。

问：学校文化都"社会化"了。

答：社会对文化的钳制是一个需要专门研究的复杂问题。现在要树立一个学校的独特校风，根本做不到。首先统一的体制搞得学生变得很蠢，学校也变得千篇一律的僵化，所以我说摧残人才。但是我也讲了，你摧残的一百个人里面，总有一两个是不听这一套的。中国学校多，学生也多，一百个人里面有一个人不听，整个中国加起来还是不少，所以也不特别悲观。中国人多，十三亿嘛，包括农村，再穷的人家也希望孩子上学。

但是怎样把学校搞得像一个学校，这是个大问题。现在不少学校坏透了，一些大学根本不像学校，而像衙门，像商店，出了很多笑话。但大家都挤着拼命去考那些大学。所以，体制不变，谈什么独特校风，那是奢谈。

"都是培养人的，会有什么不同？"

问：现在很多学校都提"办学理念"，比如，"为学生的一生幸福奠基"，等等。您怎么看？

答：我不知道这是什么意思。什么是办学理念？这到底什么意思啊，我不懂为什么要提出这个那个所谓理念。当然了，不同的学校特性不同，特别是职业学校。学校各有不同的要求，这就是办学校的目的的问题——办这个学校干什么，很简单。

都是初中、高中，都是小学，有什么不同啊！当然，因材施教那是就个体而言，总体还是培养人嘛，都是培养人的，会有什么不同？现在有一个很大的问题，就是有些人喜欢滥用一些大名词，理念啊，指导思想啊，文化建设啊，说一些空空洞洞的东西，实际上是害人。我不喜欢空谈，不喜欢假大空。

"教师的魅力在于把学科的魅力传达给学生"

问：根据您的个人体会和经验，一所好的学校应该是什么样的？

答：在中小学，授课教师最重要。还有就是，图书馆很重要。任何一所学校的图书馆一定要有很多图书，很多好书。对文科是图书馆，对理科是实验室。我一直提倡学生自学，看大量的课外书，我大概从中学时代就看了很多课外书。要给学生很多自由的时间，要让他对读书本身有兴趣，让他们去自己选择、比较、判断，当然教师可以加以引导、帮助和鼓励。这很重要。他对读书本身有兴趣，或者对做实验本身有兴趣，这个兴趣大于他去玩游戏。所以要有图书馆、实验室，要有好的读书氛围、环境。大学里面更是如此。大学主要应靠自学，中学时代还是要靠老师，特别是理科。但要注意培养学生自学的兴趣和能力——这是老师应尽的责任。老师给他一定的指引，他的兴趣就不一样，他的能力也不一样。不是上了课就了事的。

问：所以整个中小学阶段，教师的魅力特别重要。

答：就是！教师的魅力在于把学科的魅力传达给学生，让学生对这门学科有兴趣。

问：感受到学科魅力，他自然而然就想着自己去学了。

答：对，启发他真正的兴趣。学生就是要启发，不能填鸭，从小学就开始。我一再讲，关键在培养能力，而不是教给知识，知识是死的。记那么多死的知识有什么意义？要学会发现问题才有意义。

问：在您看来，怎样才算是一个比较优秀的教师？

答：我只当过小学教师，没当过中学教师。除在美国，也没有当过大学教师，说不来，不敢乱说。但有一点特别重要，首先要安心，抱愧的是我自己并没做到，因为我不喜欢当教师，包括当大学教师。但我觉得做一个大学教师，也许不如做中学教师有意思。

问：各有各的价值吧。

答：那大不一样。在大学里面，教师跟同学的关系不同于中学，因为都是成人，更为疏远了。中学对学生是很重要的，是人一生非常珍贵的打基础的时光，教师的影响力更大，师生的关系也更密切。

问：中学时候学生的可塑性强，教师给他的影响可能要大一些，比大学要大一些。

答：不是大一些，是大得多，大学主要甚至完全是靠自己。

问：你当了一年的小学教师，应该有一些比较好玩的事情吧。

答：就记得我讲课学生特别爱听，他们听得津津有味，但是我没有什么教材，我自己编的，我教历史，那时候刚刚新旧社会交替，就是1949年。1949年秋天到1950年的上半年，那时候旧教材不能用了，新教材还没有，解放区的东西也不是最好，我就自己编了一套教材，从人类起源一直讲到当代。

问：您能不能给我们老师推荐一些必读书？

答：我没有资格说这个，因为我不了解中小学教师的情况，以及他们有什么特殊的需要，这并不是谦虚，我不了解，怎么能说呢？

中学教师需要的，大学教师可能不需要，小学教师也有些不一样。所以这个很难说。总归来说，对文科来说，我是强调读历史的。历史书我推荐两部，都是老书，一部是大家不太注意的，《国史旧闻》，我觉得挺好的，这本书还挺好看，不知道你们看过没有。还有一本就是《纲鉴易知录》，这是我中学时候读的，觉得很不错。好了，就说这两部。理科我重视数学。

"我估计信仰问题会越来越突出"

问：您在《走我自己的路》等书中都提到您很认同蔡元培先生的"以美育代宗教"这个提法。那么，在教育实践当中，美育要具体实施的话，有没有一些行之有效的方法？

答：这是一个大问题。我的朋友赵宋光研究在中小学数学教学中如何贯彻美学，他做了很多这方面的实践，是很了不起的，但现在没人注意。我想这是因为时代的原因，现在还太早。你们能注意到这个问题就非常不错了。

问：我们还是希望您能具体谈谈美育的一些实施路径。

答：最简单的一点，是首先注重形式感的建立，美感就是形式的感觉，均衡啊，对称啊，人从这里面获得一种愉快的感觉，这就是美。具体到教学上，比如教师上课怎么注意上课的节奏、韵律，包括声调的抑扬顿挫，就跟读文章似的。为什么中国的文章老是要朗读、要背诵？因为只有读出来才可体味到抑扬顿挫的形式美感，也就是说，教课过程要有起伏高低，课开始讲什么，怎么把它讲得很好，一堂课本身是有比例的，这些都是形式的问题，美育其实包含其中。同时，教学方法是多种多样的，它本身的形式就包含美育的问题。

总之，通过形式感来具体把握，这是很重要的一个方面，可以做很多具体的研究。这些具体研究如果能够普及到学校，对老师、学生大有好处，这才是真正符合教育心理的教育学。应该注意读教育心理学的书，研究如何具体应用，比如语文怎么教，历史怎么教，数学怎么教，物理怎么教，形式感融入其中，各有特色，搞得非常具体。这是善莫大焉，千秋万世之功。

问：您曾提到"美学是第一哲学"，这是"以美育代宗教"的理论依据吗？

答：又是一个大问题。我说美学是第一哲学，你们注意到了，很难得。我刚才讲教学中要注意"形式"，但为什么美育能够代替宗教信仰呢？这是另外一回事。小学生一开始，要培养他一种什么信念，这是很大的问题。

我想应该培养对宇宙的敬畏感。相对于宇宙、自然，人是多么渺小啊。人为什么需要信念，因为人太渺小，而且不能掌握自己的命运，特别是现代社会生活，偶然性增大，一下子被车撞死都有可能的，偶然性大了，就感觉自己命运没法儿把握。所以我估计信仰问题会越来越突出。

还有一个是人生意义的问题。比如说赚钱，你赚了钱怎么办，你就是只为赚钱活着吗？所以人为什么活着是一个大问题。现在对一般的人来说，他没办法想这么远，他是为生活活着，他活着每天要吃饭，要交房租，要为儿女赚钱，要供他们上学。当这一切问题都慢慢不成问题的时候，或者这些问题比重变小的话，每个人就会问自己到底为什么活着。

一个是不能掌握命运，一个是因为要活得有意义，这两种原因使得宗教信仰不仅会存在，而且会长期存在，而且会越来越重要。在这个情况之下，我们再来考虑"以美育代替宗教"的问题，就有意思了。

问：那么，可以这么说吗，美育也是一种信仰的方式？

答：可以这么说吧。美育讲形式感的问题，却与"天地国亲师"有关系。爱因斯坦就这样，他信仰的那个神实际上就是整个宇宙，宇宙合规律的这种运转，探求那最大最高的"形式感"。这个问题讲起来很深，要把那个最高最深的东西贯彻到教育当中，中间有很多环节。

问：这是不是还要回到"什么是美"这个根本性的问题上来说？

答：从1950年代我们就讨论美是什么。我想，从"美是什么"这个根本的问题，具体到每一个审美对象，这个过程等于从爱因斯坦提出"$E = MC^2$"，即制造原子弹的理论，到制造一个原子弹，那多大的距离啊。不是今天提，明天就能实现，不可能的。我提出的是根本性的问题，要把这些根本性的问题落实到一个个具体实践当中，中间有一系列不同的层面。因此这个问题就不能简单来看，一方面是怎么样培养学生对一般形式感的领会、把握，另一方面是怎么样培养学生对天地、宇宙、自然的信仰，这两方面的关系又是如何，很深奥。如果美育搞得好，达到一个高层次，也就不需要再去找什么菩萨或者神了。

（※节选自《教师月刊》2011年第1期，答该刊记者问，2010年）

11 | 中国现代知识分子的历史责任

　　按照自己原来的计划，这本书（指《中国现代思想史论》——编者注）准备最早在 1990 年写成，由于某些原因，现在提前了。因此，首先我得请读者们原谅本书是如此单薄和浮泛。但我估计，即使到 1990 年，这本书大概也无法写得很好，其中原因可以心领神会：这是个太艰难的课题。

　　这本书有意地更多采取了摘引整段原始资料的方式。一则为给某些资料立案备查，留待以后填补发展；二则希望通过原始资料，由读者自己去欣赏、判断。但由于几乎每天四小时五千字的进行速度，摘引之匆忙、叙述之草简、结构之松散、分析之粗略、文辞之拙劣、思想之浮光掠影，看来比前两本思想史论更为显著。我希望过几年能有机会给三书作统一修订时，对这本多做些补充。

　　例如，这本书本来打算讲的一个中心主题，是中国近现代六代知识分子（辛亥一代、五四一代、北伐一代、抗战一代、解放一代、红卫兵一代）。这问题在《中国近代思想史论》提出过，原来想在本书中再做些论述。例如第五代的忠诚品格的优点，第六代实用主义、玩世不恭的弱点等等，都需要加以补充和展开。"代"的研究注意于这些"在成年时（大约 17—25 岁）具有共同社会经验的人"在行为习惯、思维模式、情感态度、人生观念、价值尺度、道德标准……等各方面具有的历史性格。他们所自夸或叹惜的"我（们）那时候"（my time），实际是具体地展现了历史的波浪式的进行痕迹。仔细研究这些问题对这一历史阶段和每一代人的时代使命、道德责任、现实功能和其间的传递、冲突（如"代沟"）诸问题，对所谓社会年龄、生理年龄和心理年龄的异同和关系，当然有更清晰深切的理解。从而，对这种超越个体的历史结构的维系或突破，便会有更为自觉更为明智的选择。"人世有代谢，往来成古今"，古今正是由"代"的凋谢和承续而形成。这是些很有意思的问题，只好等以后再写了。

中国现代知识分子，如同古代的士大夫一样，确乎起了引领时代步伐的先锋者的作用。由于没有一个强大的资产阶级，这一点便更为突出。中外古今在他们心灵上思想上的错综交织、融合冲突，是中国近现代史的深层逻辑，至今仍然如此。这些知识分子如何能从传统中转换出来，用创造性的历史工作，把中国真正引向世界，是虽连绵六代却至今尚远未完成的课题。这仍是一条漫长的路。

在这近百年六代知识者的思想旅程中，康有为（第一代）、鲁迅（第二代）、毛泽东（第三代），大概是最重要的三位，无论是就在历史上所起的作用说，或者就思想自身的敏锐、广阔、原创性和复杂度说，或者就思想与个性合为一体从而具有独特的人格特征说，都如此。也正是这三点的综合，使他们成为中国近现代思想史上的最伟大人物。但是，他们还不是世界性的大思想家。正如别林斯基在评论普希金是俄罗斯伟大作家时所说，普希金虽然具有与世界上任何大师相比也毫不逊色的创作才能，但他的创作却仍然不可能与莎士比亚、拜伦、席勒、歌德相比，他的作品内容的深度和广度还不够用这种世界性的尺度来衡量，他还不能产生真正世界性的巨大影响。这是因为俄罗斯民族当时还未真正走进世界的缘故。中国近现代也是如此。因此，当中国作为伟大民族真正走进了世界，当世界各处都感受到它的存在影响的时候，正如英国产生了莎士比亚、休谟、拜伦，法国产生了笛卡尔、帕斯噶、巴尔扎克，德国产生了康德、歌德、马克思、海德格尔，俄国产生了托尔斯泰、陀思妥耶夫斯基一样，中国也将有它的世界性的思想巨人和文学巨人出现。这大概要到下个世纪了。

我愿为明天的欢欣而努力铺路。

（※原题为《中国现代思想史论·后记》，1986年）

辑二　人生与美

12 ｜ 画廊谈美

（给 L. J 的信）

你一定要我谈谈美的问题，怎么好谈呢？美是那样的复杂多样，变化无端，怎么可能用几句话讲清楚？我可没有这种能耐。两千年前，柏拉图就设法追寻美。他认为，美不应该只是美的姑娘、美的器皿，它应该是使一切东西所以成为美的某种共相。用我们今天的话说，就是某种"普遍规律"吧。但这种普遍规律究竟是什么？却至今似乎并未找到。好些美学书，例如芮伽兹等三人合写的《美学基础》，举出了古往今来关于"美是什么"的理论，有十六种之多。真可谓是众说纷纭，莫衷一是了。美好像是个秘密啊，但每个时代又都要对这个古老的秘密作新的猜测和寻觅。既然如此，年轻的朋友，我怎么可能对一个还是秘密的问题作轻率的回答呢？

那么，是否从上次我们一起看的展览会谈起会更好一些？虽然美决不只限于艺术，科学领域中也有美的问题，但人们一般总说：艺术是美最集中最充分的地方。说欣赏艺术是美的享受，你大概也不反对，那天上午我们一口气看了同在美术馆展出的三个展览，你就觉得很满意。还记得吗？一个摄影展览，一个书法，再一个就是"星星美展"。我们当时边看边谈⋯⋯

在看摄影时，我们为那些捕捉住某一刹那间富有表情的人像、为那些显示出性格的人像、为那些从各种巧妙的角度拍摄出来的自然风景、为那些独出心裁的明暗、色彩、构图喝彩。它们美吗？美！为什么美？因为它们再一次使你看到了人生：从幼儿园啃手指头的小孩到额上布满皱纹饱历沧桑的老汉，从盛开的深秋花朵到一望无际的绿色丛林……，那不是我们的生活和生活环境、生活历程的复现么？车尔尼雪夫斯基曾说："美是生活"，人毕竟是爱生活的啊。当人们看到自己的生活，特别是看到自己生活的价值和意义时，能不荡漾着会心的愉快？为什么你那样爱看小说，爱看电影？至少原因之一，是你可以随着小说或电影中人物的悲欢离合，他们的经历、故事而尝遍人生，而感受、体会和认识生活吧？我记得你当时点头表示同意。其实，从古希腊亚里士多德的时代起，甚至更早以前，艺术的本质在摹拟（即复现、反映），美的摹拟的理论，就一直是欧洲美学的主流。文艺复兴时代的达·芬奇和莎士比亚（借哈姆莱特之口）都说过，艺术是大自然的镜子。希腊雕刻、文艺复兴时期的绘画、莎士比亚的戏剧……，那确乎是至今仍然令人倾倒的美的典范。当然，这些伟大的艺术家和理论家们都知道，并不是任何的摹拟都成为美，他们或者是主张摹拟现实中美的东西，或者主张"本质的摹拟"，摹拟事物的本质、理想，即典型化。正如我们古代讲的"以形写神"一样，要求通过特定的形象传达出人物的性格、风貌来。艺术要使人们在这个有限的、偶然的、具体的形象、图景、情节、人物性格里，感受到异常丰富的生活的本质、规律和理想。我们每个人的人生道路和生活遭遇都有很大的偶然性。你生下来这件事本身不就很偶然吗！父母赋予你的气质、个性、智能、面貌不也是很偶然的吗？至于后天经历中所遭到的种种，你的恋爱、婚姻、工作、职业、生活、死亡……不都有一定的偶然性而人各不同吗？"人生到处知何似，应似飞鸿踏雪泥。泥上偶然留指爪，鸿飞那复计东西"，本来就是那样啊。艺术不应该离开人生这种活生生的具体偶然性，而恰恰要在这个生动的、极有限度而人各不同的生活具体性、偶然性里，去探求、去表达、去展现出超脱这有限、偶然和具体，从而对许多人甚至整个人类都适用的普遍性的东西。小至断壁残垣、春花秋月，大到千军万马、伟绩丰功，你不都是在这具体的偶然的有限形象里感受到某种宽广、博大或深邃的生活内容而得到美的愉快吗？我记得上次也是在美术馆，看到四川的一幅油画《一九六八年×月×日初雪》，还有另一幅《春》，一个以"文化大革命"中两派发生武斗结束后的闹哄哄的押运"俘虏"的场景，一个以恰恰相反的赤着双足倚着墙壁的少女的静悄悄画面，却同样提示给人们许多普遍必然性的东西。前者充满了历史悲剧的气氛。在那些或严肃、或疲倦、或嬉笑的男女中学生的形象真实里，难道使人不感叹、不深思是谁捉弄了这些虽然流着血却仍然昂首不屈的天真青年？这是一种多么无谓而悲惨的牺牲！《春》却充满了抒情气氛。那似乎是说，经历这一场苦难之后，愿生命再从头开始吧，荡漾着对未来的柔情的召唤。艺术不正是由于这种"本质的摹拟"，或者说，"写真实"，才美的吗？那么，是否可以说，美是生活，"写真实"就是美呢？

记得我们在看摄影展览中似乎快要得到这个结论，一上二楼就告吹了。记得吗？二楼展出的邓散木的书法和印谱。面对着那一幅幅时而如松石刚健，时而如柔条披风的大字书法和朱红印章，你这个偏爱西方艺术的年轻人，也不禁赞叹："美！"但这时又哪有一点点生活摹拟的影子呢？"写真实"的美学原则如何用到这里来呢？书法、金石的美在哪里呢？

你当时脱口而出说："看这些东西像听音乐一样。"还说有几幅篆字使你想起了刚看过的舞剧《丝路花雨》中英娘的舞姿。我看这倒抓住了要害。那笔走龙蛇的书法，不正是纸上的音乐和舞蹈么？那迂回曲折的线条，那或阻滞或奔放，展现在空间构造、距离和造型中的自由运动，不正是音乐的节奏、韵律与和弦么？你的情感不正是随着它们而抑扬起伏、而周旋动荡、而深感愉快么？它们并没有摹拟生活中的人物、场景、故事、形象。歌德说："理论是苍白的，生活之树常青。"既然摹拟的理论用不上这里，又如何去削足适履？

其实，也并非没有理论。我们中国的古典美学理论和艺术就恰好是以音乐为核心。很早就有人说，中国是抒情诗的国度。从诗经、楚辞到唐宋诗词……，中国文学史的最大篇章是献给抒情诗的。绘画也是这样，为近代西方人所倾倒不已的中国文人画、水墨画，不也是以

"写意"为基本特征吗？睁着两只圆眼的怪鸟，几笔横竖交叉的干枝，它没有光影阴暗，没有细节真实，却仍然给人以无穷的意兴趣味和浓烈的情调感染，这不是美吗？画论说："远山一起一伏则有势，疏林或高或下则有情"；诗论、文论说："非长歌何以骋其情"，"诗缘情而绮靡"；乐论说："情动于中，故形于声"……，中国美学都围绕情感抒发为中心。叔本华认为音乐是各类艺术的皇冠。莫扎特的欢乐，贝多芬的严肃，舒伯特的对自由的憧憬和叹息，柴可夫斯基的深重的苦难和哀伤……，它们使你激动，使你心绪澎湃，情感如潮，你得到了极大的美感愉快。这位紧贴着人们心灵的缪斯是多么美啊。无怪乎自19世纪浪漫主义以来，抒发情感的表现论一下就取代了源远流长的古典摹拟论，成为一股不可阻挡的时代之潮泛滥在所有的艺术领域。"美是情感的表现"的克罗齐—科林伍德的美学理论、立普斯的移情说等等应运而生，风靡一时。连自然美也认为是情感的"外射"、"移入"或情感的表现。

你在看书法展览时曾认为，它们之所以美还在于线条形体的比例、和谐和变化统一上面。你大概也知道，美是形式结构的比例、和谐以及变化中有统一，可能是中外最早的美学理论了。中国在春秋时就强调"和而不同"，也就是要求不同乐音、颜色、滋味之间保持一定的适当比例，才能使人得到愉快。古希腊毕达哥拉斯更明确指出，美在形式的各部分的对称、和谐和适当比例，它可以用严格的数表达出来。美总必须有具体形式或形象，其中就有比例、和谐与变化统一的普遍规律性在。一张漂亮的脸蛋不正在于它的眼耳口鼻匀称合适吗？一幅美丽的图画不正在于它的各部分的色彩、线条、形象、构图的和谐统一吗？音乐、建筑不用说了，就是文学，形式上的优美（诗歌的节奏、韵律，小说的情节、性格、场景的协调统一等等）不也是重要条件吗？简单归纳一下，大概可以说，"美在形式的比例、和谐"与"美是摹拟（亦即美是生活或生活的再现）"、"美是情感的表现"，是古今众多关于美的理论中最基本、最有影响，也是最具有代表性的三种看法了。

这三种美的说法都有一定道理，但又都不完满。你记得，当我们走上三楼看那具有西方现代派味道的"星星美展"时，情况就更复杂了。很难说它们是摹拟，也很难说它们就是表现情感，相反，好些作品还带有某些抽象思辨的意味，有的不是表现情感，而是逃避情感。是形式的和谐、统一吗？更不是。相反，它们大多是以对一般形式感的和谐、统一的故意破坏来取得效果。也正是这种对正常的和谐、比例、统一的破坏，以各种似乎是不和谐的色彩、线条、音响、节奏、构图……，来给人以一种特殊的感受，这种感受不是要立刻给你以愉快，而是要给你以某种不愉快，然后才是在这不愉快中而感到愉快。因之，这里所出现、所描述、所表达的，经常不是美，相反，而是丑。故意以种种丑陋的、扭曲的、变样的、骚乱的、畸形或根本不成形的形象、图景、情节、故事来强烈地刺激人们，引起某种复杂的心理感受，然而也就在这种复杂而并不愉快的感受中得到心灵的满足和安慰。这种"丑"的现代艺术是一个被资本、金钱、技术、权力高度异化了的世界的心灵对应物啊。人们在这里看到了一个异化了的世界，看到了被异化了的自身，那狂暴的，怪诞的，抽象的，没有意义的，难以言喻的种种，不正是自己被异化了的生活和心灵的复现么？夹杂着日益抽象和精密的科学观念的现代人的复杂混乱的心灵和感受，有时（也只是有时）确实难以用从前那种规规矩矩的写实形象与和谐形式来表达，于是就借助于这种种抽象形象和不和谐的形式了。在欧洲，马蒂斯之后出现了毕加索，罗丹之后有亨利·摩尔，小说有卡夫卡，诗歌有艾略特，一直到今日的荒诞派戏剧。有意思的是，毕加索为了声讨法西斯，终于摈弃了写实形象，将西班牙内战的苦难和激烈用《格尼卡》这张极著名的抽象画来表现，传达出那种种复杂的、激动的理性观念、情感态度和善恶评价，这幅画所以受到人们特别是知识阶层（这个阶层在现代社会以加速度的方式愈来愈大）的热烈赞赏和欢迎，正由于它道出了这些敏感而又脆弱、复杂而又破碎的知识者们的心灵感受，是这些心灵的动态化的对应物。"星星美展"虽然还没有达到这一步，但它所采取的那种不同于古典的写实形象、抒情表现、和谐形式的手段，在那些变形、扭曲或"看不懂"的造型中，不也正好是经历了十年动乱，看遍了社会上、下层的各种悲惨和阴暗，尝过了造反、夺权、派仗、武斗、插队、待业种种酸甜苦辣的破碎心灵的对应物么？政治上的愤怒，情感上的悲伤，思想上的怀疑；对往事的感叹与回想，对未来的苦闷与彷徨；对前途的期待和没有把握；缺乏信心仍然憧憬，尽管渺茫却在希望，对青春年华的悼念痛惜，对人生、真理的探索追求，在蹒跚中的前进与徘徊……，所有这种种难以言喻的复杂混乱的思想情感，不都一定程度地在这里以及在近年来的某些小说、散文、诗歌中表现出来了吗？它们美吗？它们传达了经历了无数苦难的青年一代的心声。无怪乎留言本上年轻人写那么多热烈的语言和同情的赞美。但我想，破碎的心灵终将愈合，美将迈上更新的阶梯。

那么，究竟什么是美呢？随着时代的发展变迁，美的范围和对象愈益扩大，也愈难回答了，虽然我希望以后能做一个回答。但是，在这里，我想要着重告诉你的，却正是它的难以回答。你千万不要为一种固定的说法框住了自己、僵化了自己。美是那样宽广丰富、多种多样啊。如果世界上只有一种美，永恒不变，那该多么单调乏味！美学不应是封闭的体系，而应该是开放的课题。那么美是什么和美在哪里，你就自己去探索、体会、寻求、创造吧。雄姿娇态均为美，万紫千红总是春，美的秘密等待着你去发现。

（选自《走我自己的路》，1981 年）

13 | 审美与形式感

　　什么是美既然难谈，那么转个弯，先谈对美的具体感受特征，也许更实在一点？人们总是通过美感来感受或认识美的呀。不知你是否同意，在美学史上，这叫做"自下而上的美学"（或者说从美感经验出发的近代美学），以区别于"自上而下的美学"（或者说从哲学原理出发的古典美学）。我们是现代人，这次就从近现代美学所侧重的美感问题谈起，如何？

　　你这热爱文艺的年轻人，你从欣赏艺术、观赏自然……，总之，从美那里得到的不正是一种特殊的愉快感受吗？不正是一种或忘怀得失或目断魂销或怡然自乐的满足、快慰或享受吗？无怪乎好些外国美学家要把美说成是"极为强烈的快感"（赫奇生）、"持久的快感"（马歇尔）、"快乐的对象化"（桑塔耶拿）了。中国古代也经常把五色、五音跟五味联在一起讲，把"美"这个字解释为"羊大"：好吃呀。看来，美感与感官快适确乎有某种联系。你的房间墙色不是愉快的浅米黄吗？如果把它刷成"红彤彤"，我想你会受不了，换成墨绿，恐怕也不行。尽管你喜欢彤红和墨绿的毛衣，但毛衣并不是你必须天天面对着一大片的周围环境。外在物质世界的各个方面——从它们的面积、体积、质料、重量到颜色、声音、硬度、光滑度……等等，无不给人以刺激，五官感觉的神经系统要作出生理—心理反应。同一座雕像，是黝黑粗糙的青铜还是洁白光滑的大理石，便给人以或强劲或优雅的不同感受；同一电影脚本，是用黑白拍还是用彩色拍，其中也大有文章。做衣服，布料不同于毛料；奏乐曲，速度略变，意味全殊。人们对美的创作和欣赏，总包含有对色彩、形体、质料、音响、线条、节奏、韵律……等等感知因素，正是它们为美感愉快提供了基础。那位把美定义为"快乐的对象化"的美学家好像说过，如果希腊巴比隆神庙不是大理石的，皇冠不是金的，星星不发光，大海没声息，那还有什么美呢？在这里，值得注意的是，不仅是物质材料（声、色、形等等）与视听感官的联系，而更重要的是它们与人的运动感官的联系。对象（客）与感受（主），物质世界和心灵世界实际都处在不断的运动过程中，即使看来是静的东西，其实也有动的因素，美和审美亦复如此。其中就有一种形式结构上巧妙的对应关系和感染作用。在审美感知中，你经常随对象的曲直、大小、高低、肥瘦、快慢……等形式、结构、运动而自觉不自觉地作出摹拟反应。"我们欣赏颜字的那样刚劲，便不由自主地正襟危坐，摹仿他的端庄刚劲；我们欣赏赵字那样秀媚，便不自主地松散筋肉，摹仿他的潇洒婀娜的姿态。"（朱光潜：《谈美书简》第84页）朱先生用"内摹仿"（美学中移情说的一种）来解释美感愉快。格式塔心理学家则把这种现象归结为外在世界的力（物理）与内在世界的力（心理）在形式结构上的"同形同构"，或者说"异质同构"，就是说质料虽异而形式相同，它们在大脑中所激起的电脉冲相同，所以才主客协调，物我同一，外在对象与内在情感合拍一致，从而在相映对的对称、均衡、节奏、韵律、秩序、和谐……中，产生美感愉快。一切所谓"移情"、所谓"通感"、所谓"共鸣"非他，均此之谓也。（参看 R·阿海姆《艺术与视知觉》、《艺术心理学试论》）而这也就是艺术家们所非常熟悉、所经常追求、在美学中占有重要地位的"形式感"。它比起那种单纯感官快适，对美感来说当然更为重要，它"表现"的是远为复杂多样的运动感受。不是吗？曲线使人感到运动，直线使人感到挺拔，横线使人感到平稳；红色使人感到要冲出来，蓝色使人感到要退回去；直线、方形、硬物、重音、狂吼、情绪激昂是一个系列，曲线、圆形、软和、低声、细语、柔情又是一种系列。"其得于阳与刚之美者，则其文如霆如电，如长风之出谷，如崇山峻岩，如决大川，如奔骐骥，其光也如杲日，如火，如金镠铁……其得于阴与柔之美者，则其文如升初日，如清风，如云，如霞，如烟，如幽林曲涧……"（姚鼐）我不知道你读不读古文，这段文章是写得相当漂亮的，它没有科学的论证，但集中地、淋漓尽致地把对象与情感（感知）相对应、具有众多"异质同构"的两种基本的形式感说出来了。中国古代讲诗文、论书画以及他们喜欢强调的"气"（生命力）、"势"（力量感）、"神"、"韵"、"理"、"趣"等等美学范畴，都经常要提到这种人与自然相同一的高度，其中就包含有主体与对象的异质同构即相对应的形式感问题。本来，自然有昼夜交替季节循环，人体有心脏节奏生老病死，心灵有喜怒哀乐七情六欲，难道它们之间（对象与情感之间、人与自然之间……）就没有某种相映对相呼应的共同的形式、结构、秩序、规律、活力、生命吗？暂且甩开内容不谈，中国古代喜欢讲"大乐与天地同和"，"言之文也，天地之心哉"，"夫画，天地变通之大法也"，"是有真宰，与之浮沈"等等，不也是要求艺术家们在形式感上去努力领会、捕捉、把握自然界的种种结构、秩序、生命、力量，参宇宙之奥秘，写天地之辉光，用自己创造的物态化同构把它们体现、表达、展示出来，而引起观赏者们心理上的同构反应？孔子曰，仁者乐山，智者乐水，智者动，仁者静。山、静、坚实稳定的情操；水、动、流转不息的智慧，这不正是形式感上的同构而相通一致？"春山淡冶而如笑，夏山苍翠而如滴，秋山明净而如妆，冬山惨澹而如睡"，"望秋云，神飞扬；临春风，思浩荡"，"喜气写兰，怒气写竹"……不也都如此？欢快愉悦的心情与宽厚柔和的兰叶，激愤强劲的意绪与直硬折角的竹节；树木葱茏一片生意的春山与你欣快的情绪，木叶飘零的秋山与你萧瑟的心境；你站在一泻千丈的瀑布前的那种痛快感，你停在潺潺小溪旁的闲适温情；你观赏暴风雨时获得的气势，你在柳条迎风中感到的轻盈；你在挑选春装喜爱的活泼生意，你在布置会场时要求的严肃端庄……，这里不都有对象与情感相对应的形式感么？梵高火似的热情不正是通过那炽热的色彩、笔触传达出来？八大山人的枯枝秃笔，使你感染的不也正是那满腔的悲怆激愤？你看那画面上纵横交错的色彩、线条，你听那或激荡或轻柔的音响、旋律，它们之所以使你愉快，使你得到审美享受，不正由于它们恰好与你的情感结构相一致？声无哀乐，应之者心，不正好是你的情感的符号化、对象化、物态化？美的欣赏、创作与形式感的关系，还不密切吗？

那么，是否说，人与对象在形式感上相对应以及所引起的美感就是纯生理、纯形式的呢？对牛弹琴，牛虽不懂，但也能感到愉快而多出奶。你喜欢讲俏皮话，大概要这样问。对。我完全同意。上面提到的快乐说、内模仿说、格式塔说的共同缺点似乎就在这里。它们强调了形式感的生理心理方面，没充分注意社会历史的方面，特别是没重视就在人的生理心理中已经积淀和渗透有社会历史的因素和成果。对象的形式和人的形式感都远非纯自然的东西。两个方面的自然（对象的形式与人的形式感），无论是色、声、线、体态、质料以及对称、均衡、节奏、韵律、秩序、规律等等（形式），也无论是对它们的感受、把握、领会等等（形式感），由于在长期的历史实践中与人类社会生活结了不解之缘，便都"人化"了。"一定的自然质料如色彩、声音……，一定的自然规律如整齐一律、变化统一……，一定的自然性能如生长、发展……之所以成为美，之所以引起美感愉悦，仍在于长时期（几十万年）在人类的生产劳动中肯定着社会实践，有益、有用、有利于人们，被人们所熟悉、习惯、掌握、运用……，所以，客观自然的形式美与实践主体的知觉结构或形式的互相适合、一致、协调，就必然地引起人们的审美愉悦。这种愉悦虽然与生理快感紧相联系，但已是一种具有社会内容的美感形态。……不同的自然规律、形式具有不同的美，对人们产生不同的美感感受，还是它们与不同的生活、实践、方面、关系相联系的结果。例如不同的色彩（如红、绿）的不同的美（或热烈或安静），……来自它们与不同的具体方面、生活相联系（红与太阳、热血，绿与植物、庄稼）。……"（拙作《美学论集》第175页）所以，人听音乐感到愉快与牛听音乐而多出奶，毕竟有性质的不同，人能区别莫扎特与贝多芬，能区别贝多芬的"第三交响乐"与"第五交响乐"而分别得到不同的美感，牛未必能如此。人看到红色的兴奋与牛因红色而昂奋，也并不一样。人能分别红旗与红布，牛则不能。即使是"原始人群……染红穿带、撒抹红粉，也不是对鲜明夺目的红颜色的动物性生理反应，而开始有其社会性的巫术礼仪的符号意义在。也就是说，红色本身在想像中被赋予了人类（社会）所独有的符合象征的观念含义。从而，它（红色）诉诸当时原始人群的便已不只是感官愉快，而且其中参与了、储存了特定的观念意义了。在对象一方，自然形式（红的色彩）里已经积淀了社会内容，在主体一方，官能感受（对红色的感觉愉快）中已经积淀了观念性的想像含义"（拙作《美的历程》第4页）。可见，自然与人、对象与感情在自然素质和形式感上的映对呼应、同形同构，还是经过人类社会生活的历史实践这个至关重要的中间环节的。形式感、形式美与社会生活仍然是直接间接地相联系，审美中的身心形式感中仍然有着社会历史的因素和成果。

正因为此，看来应该是具有人类普遍性的形式感、形式美中，又仍然或多或少、或自觉（如封建社会把色彩也分成贵贱等级）或不自觉（如不同民族对同一色彩的不同观念，红既可以是喜庆也可以是凶恶；白既可以是纯贞也可以是丧服）显示出时代的、民族的以至阶级的歧异或发展。各个不同时代不同民族的工艺品和建筑物，便是一部历史的见证书。为什么现代工艺的造型是那样的简洁明快，大不同于精工细作繁缛考究的巴洛克、罗可可或清代家具，为什么今天连学术书籍的封面装帧也那样五颜六色鲜艳夺目，大不同于例如上世纪那种严肃庄重，它们不都标志着今天群众性的现代消费生活中的感性的自由、欢乐和解放么？为什么现代艺术中的节奏一般总是比较快速、强烈和明朗，这难道与今天高度工业化社会中的生产、生活、工作的节奏没有关系？画的笔墨、诗的格律、乐的调式、舞的节拍……不也都随社会时代而发展、变异、更新吗？审美形式感的生理—心理的普遍性、共同性与特定的社会、时代、民族的习惯、传统、想像、观念是相互关连、交织、渗透在一起的。从而，在所谓形式感中，实际有着超形式、超感性的东西。不知道你还记得不，我爱说，美在形式却并不就是形式，审美是感性的却并不等于感性，也就是这个意思。人们讲美学，常常强调内容与形式的统一，感性与理性的统一，我们今天没讲多少具体的社会内容，然而仅从形式感这个角度便可以看到，马克思的人化自然说正是正确阐释上述这些统一的基本哲学理论。

也许你又要笑我，三句离不开哲学。是的，不仅艺术有形式感问题，科学也有。科学中，最合规律的经常便是最美的，你不常听到科学家们要赞叹：这个证明、这条定理是多么美啊。有位著名的科学家说，如果要在两种理论——一种更美些，一种则更符合实验——之间进行选择的话，那么他宁愿选择前者（《国外社会科学》1980 年第 1期第 26 页）。这不是说笑话，里面有深刻的方法论问题。有趣的是，科学家不仅在自己的抽象的思辨、演算、考虑中，由于感受、发现美（如对称性、比例感、和谐感）而感到审美愉快，而且它们还经常是引导科学家们达到重要科学发现、发明的桥梁：由于美的形式感而觉察这里有客观世界的科学规律在。宇宙本就是如此奇妙，万事万物彼此相通，它们经常遵循着同样的规则、节律和秩序，作为万物之灵的人类，通过漫长的历史实践，正日益广泛地领会着、运用着、感受着它们，通过科学和艺术，像滚雪球似地加速度地深入自然和生活的奥秘，这里面不有着某种哲理吗？这里不需要哲学来解释吗？我想，如果中国哲学"天人合一"（自然与人的统一）的古老词汇，经过马克思主义实践哲学的改造，去掉神性的、消极被动的方面，应用到这里，应用到美学，那也该是多么美啊。你不会以为我在说胡话吧，别忙于表态，再仔细想想，如何？

（选自《走我自己的路》，1981 年）

14 | 中国美学的四个特征

　　下面，我讲讲对中国美学的基本看法。这个问题我在湖南讲过，这是第二次讲。我把它概括为四个方面的特征。

　　第一个特征是乐为中心。美字的来源，如果用字（词）源学的方法研究，较为流行的说法，是"羊大为美"。美来源于好吃，美味。但我不大同意这种传统的说法，我倒同意一个比较年轻的同志萧兵的说法，他主张"羊人为美"。我认为所谓羊人，乃是一种图腾舞蹈，就是人戴着羊头在那里跳舞。这是原始社会最早的一种原始的巫术礼仪，它的表现形式就是原始歌舞。这不仅是一种娱乐，而且是当时的整个上层建筑。人们劳动之余就搞这种活动。这有很多作用：一方面是认识的作用。因为在这类活动中要模拟打猎等等动作，再现生产劳动中的种种情况，这就锻炼了自己，认识了对象；另一方面就是团结群体、组织社会的作用。我们现在社会中表现为各种分工和各种规章制度不同形式，这在原始社会是混在一起的。但它是最早区别于生产活动的一种社会性的必要活动，它包含了后代所有政治的、科学的、道德的、艺术的内容，是以一种图腾的形式表现出来的。我把它叫巫术礼仪或原始歌舞。它实际上起了团聚、维系社会组织、训练社会成员的作用。同时又包含着认识客观对象，训练技能，甚至体育锻炼等等，什么都包含进去了。而所有这些都离不开歌舞。歌舞有一定的节奏，一定的声音，后来还用乐器伴奏（可能开始时是打击乐）。这样，就逐渐发展为音乐的"乐"。所以这个"乐"，实际上不限于音乐的意思，还包含着原始社会整个方面的活动内容。

后来礼和乐逐步分开而并提，这就是儒家讲的那些东西。我觉得儒家这些东西，决不是偶然发生的。孔子讲"述而不作"，儒家是漫长的原始社会文明的非常顽强的保存者。他们把古代的东西保存下来并加以理论化的解释。所谓礼乐也就是儒家对中国长期的原始社会的巫术礼仪的理论化。所谓礼，是指管理社会、维持社会存在的规章制度。氏族社会到了后期，氏族越来越大，上下之间等级越来越严格，需要各种各样的规章制度，这便有了礼。礼就是规范社会的外在尺度，把社会的上下等级、贵贱区别清楚。而乐呢，则使人们在感情上谐和起来。音乐艺术就有这种使社会很好地融洽与和谐起来的功用。所以，一个是外在的秩序，外在的规范，外在的要求；一个则是内在情感的融和，情感的交流。原始社会打猎以后的分配，如头归谁，肉归谁，猎手分什么，其他人分什么等等，就是要用礼来处理的。所以荀子说，"礼至则无争，乐至则无怨"。礼是每个民族都有的，中国则强调除了礼之外必须有个乐。用乐来补足礼，这是一个很大的特点。最近考古证明，中国很早就有整套完整的乐器，能演奏很复杂的乐曲，中国音乐在很早就相当高明，它正是影响我们中国整个艺术传统的最重要的东西。

我认为这一切都与中国原始氏族社会非常之长有关。研究中国各种历史，对这一点都应该注意。我为什么对孔子、孟子评价较高，就是因为他们保存了很多原始社会的人道主义。荀子是很彻底的唯物论，很进步的，孟子则是唯心的。但读孟子的著作，总感到有一种民主的气息，一种人道的精神。这一点荀子就少了，到韩非就没有了。孔、孟是失败的。这是因为他们的活动不符合历史前进的方向。历史的前进体现了二律背反。例如一方面，历史上的战争死了很多很多人；另一方面，战争也推动了历史的前进。在人类社会中，有些残酷的行为却常常推动历史的前进。彼得大帝的改革，使多少人头落地。马克思也讲过，资本主义的发展有多么残忍。我不赞成以人道主义代替马克思主义，那是肤浅的。因为历史有时候并不是那么人道的，特别是古代，需要通过战争，需要通过残酷的掠夺，才能发展，历史本身就是这样。所以说是二律背反。比如汉武帝驱逐匈奴，建立汉帝国，是正义的战争，对中国历史的发展起了很大的作用；但是人民付出了多大的代价，死了多少人啊！汉乐府写道："十五从军征，八十始得归"。十五岁出征，八十岁才归来，家里一个人不剩，都死光了，那是很凄惨的。当时几十万人马出关，回来多少呀？没有多少啦。记得史书上记载，有一次，十八万匹马出关，胜利归来，入关的才三万匹。从历史前进来说，这场战争是对的；但从人民的直接利益来说，反对战争也是对的。他们受了很大的苦难呀。所以诗歌对这种苦难的感叹，也对。孔、孟想复古，想继续保存原始社会的经济、政治制度的痕迹，这是不符合历史前进的潮流的，当时是一个向着奴隶社会过渡的阶段社会。荀子、韩非的主张，符合这个趋势，秦始皇采纳了韩非的意见。但是，他们那种赤裸裸地压迫和剥削的理论，可并不见得好呀。恰恰相反，倒是孔、孟他们保存了一些原始社会的人道精神、民主精神。所以说，认为好的都好，坏的都坏，是很片面的。我很欣赏斯宾诺莎的话，他说：不要哭，不要笑，而要理解。这是哲学家的语言。就是说要深刻地理解历史和历史人物，要有一种历史观点。孟子大讲"民为贵，社稷次之，君为轻"等等，这是很大胆的，后来就没有人讲过这种话。朱元璋气得要死，斥之为岂有此理。这在皇帝看来，当然是不可理解的。"君为轻"那还了得！"君"怎么能是"轻"的呢？孟子的言论就保留了原始社会一些民主精神。原始社会的君，不是像后来那么专制的。当时的许多"国"，实际上跟希腊的城邦差不多，氏族贵族都可来议事，大家来发表意见。这种长期的原始社会中的民主精神，在孔、孟的言论中还有存留，以后就没有了。"乐"之所以能在中国古代受重视，也正因为在长期的原始社会中，人们一贯很注重乐的作用，并通过相当的和谐愉快来维系氏族群体的生活，而通过以"乐"为中心的艺术活动把氏族团结起来，把人的情感关系处理得比较和谐、比较协调一致。只有从社会基本特点上才好理解为什么"乐"在中国古代那么重要。当然乐还有团结本氏族对外战斗的激发情感的作用。

乐在中国，一开始就注意了两个方面。一是不简单地把乐看成是一种认识，而是把它看成与感性有关的一种愉快，所以说"乐者乐也"。而这愉快又包含两层意思：一是给予人感官的愉快；一是使人的感情愉快。这都是享受。也就是注意到乐与情感、欲望有联系，乐能使人的情欲得到一种正确的发泄。情欲如不能用正当的方法宣泄出来，表现出来，就会出问题。儒家的乐，要满足感官的愉快，同时要满足情欲的要求，使欲望健康发泄，群体生活也就更能得到和谐。

儒家的乐，还抓住了艺术的另一个作用，就是通过情感的发泄起一种教育作用。这就是文艺政治学。所以中国的文艺政治学很早就有了。这个传统现在是大大地发扬了。当然，儒家的这个政治，应该是广义的。我们现在的政治概念很狭窄，这是把传统片面地发挥了。儒家是讲"寓教于乐"的，诸如"审乐以知政"、"乐与政通"、"其感人深，其移风易俗易"等说法，都是强调教育作用通过音乐表现出来。我们现在平列地提文艺的认识作用、教育作用、审美作用，我觉得是不贴切的。要求教育作用通过审美作用表现，这才是高明的，这里，实际上是美与善相统一的问题。刚才讲"羊人"为"美"，美表现为原始图腾的歌舞，起一种伦理道德、教育训练等社会作用。又说"羊大"为"美"，美表现出一种感官享受的特点，使人觉得鲜美有味道，使人感到愉快；同时，美还能起一种伦理道德的作用。这样就把美的社会性与感官直觉性联系起来了。这也是把人的自然情感和要求，纳入到社会的规范之内，并通过它把人们团结起来，使人的情感得到交流。以音乐为主的这些活动，非洲有些地方现在还有，许多黑人还在那里打着鼓跳舞。假如大家去参加一下西方现在的宗教礼拜，感受一下那种奏乐、合唱，情感就会不一样。你就是不信教的，到那里也会受到宗教情感的感染。这种教堂音乐（西方很多音乐都是教堂音乐发展起来的）就能起这种作用，把你的情感，并通过你的情感把你整个的观念提到一定的高度。所以说，社会性的作用是通过感官的感性愉快得到的。它不是理智的、概念的，而是诉之于情感，使你从内心中产生的。中国一直很注重这种情感的作用，这也正是以乐为中心的一个体现。

中国的儒家思想，对人生采取了一种积极的态度、入世的态度。这跟佛教不一样，我觉得这是中国民族一种很好的传统。《论语》第一章就写道："学而时习之，不亦说乎？有朋自远方来，不亦乐乎？""说"、"乐"，都是讲的人的快乐。这快乐不是低级的快乐，而是高级的快乐，是要让人得到一种人生的满足。这就说明，孔子对现实人生不是持一种否定的态度，不是禁欲主义的。他不否定感官和感情的东西，而是加以肯定的；他不否定快乐，而是追求快乐。但他又不是主张纵欲主义，一味地追求感性快乐。他要求快乐有一种社会的内容。刚才讲的"说"、"乐"，决不是为了吃得好，穿得好。相反，他评论颜回说："一箪食，一瓢饮，在陋巷，人不堪其忧，回也不改其乐，贤哉回也。"可见孔子的乐，并非纯粹感官的享乐，不是动物性的，而是包含着社会的道德理想的。它既不是禁欲主义，也不是纵欲主义，讲的是中和之美，叫做中庸之道。中庸之道我看是很有意思的问题，不那么简单。在西方，有的是纵欲主义，有的是禁欲主义，有的是狂热的情感主义，有的是抽象的非常思辨的东西。中国恰恰是强调取得一种中庸的地位。乐是陶冶性情、情感的。人的感情是带有动物本能性的东西，通过乐来塑造情感，就是不让自然的情感动物性地发展。它要求用各种艺术来塑造这种情感，使之社会化，所以叫做"陶冶性情"，使情感具有社会的伦理内容，并且获得一种社会性的普遍性形式。我觉得在这些方面，都是把握住了审美本质的。现在常说艺术是表现情感的，其实艺术更重要的是塑造情感，表现情感也是为了塑造。你表现情感要人家能理解你，就要有共同的东西。昨天我说到艺术是情感的符号，但符号必须要人家理解才有效。发脾气也是表现情感，但它就不是艺术。这就需要建立共同的情感语言。乐实际上就是要建立这种社会性的情感形式。所谓"乐而不淫，哀而不伤"，所谓"怨而不怒"，所谓"中和之美"，等等，就是要求你的情感得到一种健康的合理的形式。中国的整个艺术传统是很注意情感性的，诗歌也好，绘画也好，散文、骈文也好，都很注意这个情感的形式。

中国民族是一个乐观的民族，是向前看的。唐山地震死了几十万人，过了几年也未留下很大的伤痕。外国要死了这么多人，那可不得了。中国人大概是这样想的：人死不能复生，何必老去想他呢？苏联卫国战争之后，留下的感伤情绪非常浓重。《这里的黎明静悄悄》等等，总是在那里回味。我非常喜欢这个电影。其实中国在抗日战争中也死了不少人，但这类感伤的东西比较少。中国民族是有许多缺点的。比如保守啊，麻木啊，等等，鲁迅讲得很多，骂得很多。任何一个民族都有优点和缺点。二者常常是不可分地并存着的。中国人很有理性，很讲道理，不让情感随意发泄泛滥。有些民族是很外露的，像吉卜赛人，那简直是疯了似的，中国人很难理解。但是，也应该承认，中国的理智没有得到很好的发展，突出的表现就是不重视抽象思辨能力的锻炼，这个缺点，现在还存在。这对我们现代化是很不利的。德国所以能出那么多科学家，以我的臆测，一个重要的原因就是德国民族的思辨能力非常强。中国人比较喜欢经验的东西，对抽象理论不太感兴趣，我们应该自觉地意识到这一点，克服这个缺点。任何民族都有优点和缺点，这是毫不奇怪的。其实德国的情况也很妙，一方面，出现了那么伟大的思想家，像马克思啊，黑格尔、康德啊，但也出现了像希特勒那么一些反理性的家伙。狂热的非理性的东西与纯理性的东西在他们那里分裂得很厉害。中国不是这样，显得比较和谐。但这和谐又使两方面都没有得到充分发展。所以在中国的艺术中，浪漫主义始终没有脱离古典主义，就是最有浪漫主义特色的诗人李白，也是这样，情感被理智控制着，或者说古典的浪漫主义。另外，中国没有西方那种悲剧。我们现在用"崇高"这个词，与西方的理解并不完全一样。中国讲"阴柔"之美、"阳刚"之美。"阳刚"与"崇高"虽然有接近的地方，但并不是一回事。在西方的悲剧作品和他们的"崇高"里，常有恐怖的和神秘的东西，而且经常让这些东西占有很重要的地位。这在中国艺术中是比较少见的，中国的"阳刚"大都是正面的。这些都是中国的美学思想所反映出来的哲学上的特点。这究竟是好还是坏呢？很难说。我觉得既是优点，也是缺点。重要的问题在于我们自觉地意识到这一点。依我看，带一点神秘性更有味道，这也许是我的偏见。有人以为我们的民族了不起，一切都是我们民族的好，那不对。我们应该对自己的民族有个真正的了解。到现在才讲了第一点，下面简单地把其他三点讲一下。

第二个特征是线的艺术。中国的艺术是线的艺术。其实这是乐为中心这个特征的延伸。因为音乐是在时间中流动的，是表情的。线实际上是对音乐的一种造型，使它表现为一种可视的东西。从这个意义上讲，线就是音乐。宗白华先生《美学散步》中说，音乐、舞蹈、书法是中国艺术的基本形式，我是同意这个看法的。这一点自古以来就与西方不一样。古希腊是悲剧；文艺复兴时期，莎士比亚的戏剧，塞万提斯的小说，达·芬奇、拉斐尔的画，都是再现的，都不脱离希腊。中国则强调表情，讲究节奏、韵律、味道。中国陶瓷上的花纹也是值得研究的，那是一种流动线条美。像龙山、大汶口、马家窑、半坡、马厂等陶器的流动的线条，确实给人一种音乐感。它有节奏，有韵律。所以我把它称为净化了的线条。这是一种净化了的情感造型形体，也就是经过提炼和抽象而构成的，它离开了对实际对象的模拟和再现。这是中国艺术一个很大的特点。

中国艺术的形式美，是非常了不起的，它给予人的是一种高级的美感。这里，我又要为我的观点辩护了。我为什么认为康德有时比黑格尔厉害呢？你看康德美学中讲到，线条是真正的美；而在黑格尔的《美学》里，大量讲到的则是色彩。马克思说，色彩是最普及的美。老实讲，也是较为低级的。它给予动物的官能感受是比较强的。比如红色，对动物也有刺激。线条就不同了，它更加带有精神性。它既积淀着社会的因素，又能使人得到感官的愉快；既是感性的、形式的，又是精神的。它所表现（或者说反映）的人与自然界的关系是更加深刻的。我们的世界，我们的宇宙本身，在时间、空间上是有韵律的，有节奏的，有白天有黑夜，有秋天有春天，春夏秋冬，一年四季，本身有节奏；大自然中农作物的生长，生物的生长，人的生老病死，整个自然界，都是有节奏，有韵律的。这是宇宙的普遍规律。这种规律便表现在艺术里，引起人们的美感感受。所以艺术形式看起来是个形式的东西，却可以和自然界的规律发生关系。我昨天讲的同构，也说明这一点。中国的艺术很早就注意到把自然界中的节奏、韵律、均衡、对称等形式上的东西表现到艺术作品中，这就通过一种净化了的形式，一方面表现出自然界的规律，同时又表现出了人的情感的规律。我在《文艺报》上谈审美的形式感时讲到，不仅在艺术中有美学问题，在科学中也有美学问题。科学家在自己的研究中发现有美的东西，这是很有意思的。这说明宇宙中的某种规律是具有美的性质的。这是否叫做美在自然界呢？不是这个意思，我在《文艺报》那篇文章已经解释过了。这是说科学家在他的研究工作中不仅能思考自然界的规律性，而且对它能有所感受。其实这种规律性最充分地表现在艺术美里。所以许多科学家像爱因斯坦等非常喜欢音乐，恐怕不是偶然的。这可能有助于他们去进一步发现自然界的一些规律，这里面有相当深刻的哲学问题。

现代艺术注重的是整体的、历史的、与自然界相呼应的、有生命的东西，重点已不再是去模拟一些局部的现实。像画画也不只是画一些局部图像，而恰恰是注意了整体性，并且通过净化的形式把它表现出来。现代的艺术是希望超脱那种比较狭窄的有限的东西，更加自由地去表现广阔无垠的人生、情感、理想和哲学。中国的艺术就有这样的特点。一方面，它的形式有很大的宽容性，有很大的容纳性能；另一方面，它的形式又有非常严格的讲究。这个问题讲起来很复杂，牵涉到形式美的很多问题。简单说来，一方面，它不在乎合不合乎现实。比如花，春天开的花，秋天开的花可以画在一起，梅花和菊花可以放在一起。它不要求表现那种非常严格的狭窄的现实，而要求表现广阔的人与自然、人与社会的关系。另一方面，它又很讲究形式。比如，诗词里面格律很严格，对平仄声的关系很注意，对联要求灵活而工整等等。在绘画中，山怎么画，水怎么画，都讲究程式。京剧的程式就更厉害了。程式是很能体现形式美的。所以说中国艺术是非常讲究形式美的，而这种形式美是能非常广阔地表现现实，而不只是狭窄的模拟。这在书法艺术中体现得很突出。书法是纸上的音乐，纸上的舞蹈。书法并不是让人去看写的是什么字，而主要是看线条。有时看书法比看绘画还过瘾，正好像我们现在有时候看那青铜器，看那陶器的造型，比看真正模拟人像的雕塑还过瘾。它的确有味道，它使你得到更深更纯的美感享受。因为它不局限于一个具体的东西，比如有些作品又像狗又不像狗，它就在这种线条、造型形体中间表现出特有的味道。书法正有这种特点，它有时也有点模拟因素，但主要不是模拟，是自由的线条。所以我叫它"有意味的形式"。

第三个特征是情理交融。这个问题其实上面已经讲到了，所以也不细讲。中国艺术有两个明显的特点：其一，抽象具象之间。你说它是抽象吧，它又并不完全抽象，有一定的形象。你说它是具象吧，它又不是非常具象，带有一定的抽象的味道。其二，表现再现同体。这就是说，既是表现的，又是再现的。所以我用两句话来概括：抽象具象之间，表现再现同体。这跟现代派不完全一样。现代派完全是抽象的。中国的画，像齐白石、八大山人等的作品，还是有一定的模拟形象的，但这些形象不像工笔画那么具体细致，所以有点抽象的味道。但说它是表现，却又有点再现、模拟的味道。是人，是树，是鸟，是山，并不难分辨。春天的山不至于变成冬天的。但是，要说清它具体的时间是上午还是下午，是什么树，是什么鸟，是多少年纪的人，那就很困难了。在西方传统画里，不同时间的太阳，阴影各不一样。中国画里没有什么阴影。因为从长久的历史的观点来看，个别的暂时的现象是没有什么关系的，不重要的，你画个阴影干什么呢？所以说中国艺术中，想像的真实大于感觉的真实。斯坦尼斯拉夫斯基要求舞台像缺少一面墙的房间，要求演戏像实际生活一样逼真。中国戏曲就不一样。例如《三堂会审》中的玉堂春受审，她却跪着向观众交代，这不是荒唐吗？但观众完全可以理解。这就是一种想像的真实，其中理解因素占了很重要的基础位置。京剧中的上楼下楼，开门关门，就靠几个虚拟的动作来表现，完全不需要真实的布景。这与西方传统艺术很不一样。刚才讲过，中国人理智对情感起很大的作用，他们清楚地意识到在看戏！这是进来，那是出去嘛。可见想像这个东西是与理解连在一起的。因此中国的艺术，在创作与欣赏中都追求神似而不追求形似。但神似又不离开形似，所以齐白石讲"似与不似之间"。这对情与理的交融是有重要作用的。中国艺术的这种特点，都是由中华民族实用理性的心理特征，也即感知、情感、想像、理解等因素构成的心理结构的特殊性决定的，与西方不太一样。

第四个特征是天人合一。天人合一的观点过去是受批判的，一直被说成是中国哲学史上唯心论的糟粕。我的看法恰恰相反，我认为，天人合一是中国哲学的基本精神。因为它所追求的是人与人、人与自然的和谐统一的关系。我们搞美学史，一方面要建立在马克思主义的基础上，另一方面要继承中国的传统。马克思讲人化的自然。中国的天人合一，恰恰正是讲人化的自然。当然，马克思主义是在近代大工业的基础上讲人化的自然，中国则是在古代农业小生产基础上讲这个问题。这里确有本质的不同。中国长期以来是小生产的农业社会，而农业生产与自然的关系极大，所以人们很注意与自然界的关系、与自然界的适应。为什么汉代董仲舒以及后来许多人老注意阴阳五行呢？那就是重视天与人的关系。天就是自然，人就是人类。我觉得这是中国哲学史上和文化史上很重要的一点。尽管它强调的是人顺应自然，但毕竟注意到人必须符合自然界的规律，要求人的活动规律与天的规律、自然的规律符合呼应、吻合统一，这是非常宝贵的思想。这方面的东西很多。例如《周易》讲"天行健，君子以自强不息"，就是讲人应该像天一样不息地运动。这就是儒家的非常积极的精神。在人与自然的关系上，中国美学强调的，是一种亲密友好的关系。因此不讲自然界的荒凉、恐怖、神秘等那些内容，而是要求人顺应自然规律去积极地有所作为。《周易》说的"天地之大德曰生"，是肯定生命，肯定感情世界，肯定现实世界，不像佛教，抛弃生命。包括宋明理学家，也都是对生命采取肯定态度的，认为自然界充满生机和生气，像春天一样生气蓬勃生意盎然。这些都是来源于天人合一的思想。孔夫子讲："逝者如斯夫，不舍昼夜。"他对时间的流逝，作了一种富于人的情感的说法，使人想到了人的存在的意义，涉及到了人的存在的一些本质问题。孔子又说："知者乐水，仁者乐山。"这是把自然与人、与人的品德或人的性质作了一种比拟同构的关系了解。他以水流的经久不息比喻人的智慧，以山的稳实坚定比喻人的操守。这是非常好的比喻。这是在自然界里面发现人的因素，并且把它与人联系起来。这不也是天人合一的一个方面，一种表现吗？这个问题以后再详细讲吧。

自然美在中国是最早被发现的。中国的山水画、山水诗的出现也比西方早得多，很早就注意到人与自然的和谐统一，情感上的相互交流。从这里派生出中国艺术的很多特点。中国艺术希望小中见大，要求有限中见无限。例如在很小的园林中，总希望把自然界弄进来，借山借景，使观赏者得到一种辽阔的观感。所谓辽阔，也就是与自然界的广阔的关系。所以中国的画卷很长，山水　大串，不像西方只有版。还有以大观小，这也是中国画的特点，与西方的透视法是不一样的。这大概与中国人讲求登高的习惯有关系。你有了登高观望的经验，就会感到中国画很真实。你站到了高处，就会强烈地感觉到宇宙自然与人的关系，得到一种特殊的人生感受。陈子昂便写下了这样的诗句："前不见古人，后不见来者。念天地之悠悠，独怆然而涕下。"想起古往今来、宇宙的存在、人生的命运等等，人们可以从中得到哲理性的感受。在中国的艺术里，人们最初追求人格理想，后来又追求人生境界。所谓境界，也就是不要求感受的真实，而是通过想像的真实追求一种人生的领悟。这是一种超脱小我感觉的东西，一种无限深远的精神的东西。儒家是这样。道家（我认为真正能代表道家思想的是庄子。虽然合称老庄，其实哲学上老子与韩非的关系更密切。老子的书有很多是权术，他是不讲感情的）的庄子，好像不讲感情。其实是"道是无情却有情"，他的书里充满着情感。他主张对人生采取非功利的审美态度，主张完全顺应自然而追求自由的境界。其实，早在孔子那儿就有。孔子曾经要求几个学生"言其志"，最后，他表示对曾点的"志"最为欣赏。因为曾点追求的是人生的自由境界。这种境界不但与积极的人生态度，与入世的伦理理想不矛盾，而且是它们的一种升华，是一种人生的理想，是一种对人格全面发展的追求。孔子说："兴于诗，立于礼，成于乐"，又说："志于道，据于德，依于仁，游于艺"。"游于艺"，一方面可以解释为从艺术里面得到休息和娱乐；另方面也是讲，对技术、对工具的熟练掌握，可以获取一种非常自由的状态。总之，它追求的是一种自由。自由不是天赐的，不是像卢梭所说的人生来就有的。自由是人类建立起来的，是在对规律的必然性的掌握之后所建立起来的，从对技艺掌握的自由到人生自由境界的追求，达到人与自然的完满统一，这是人生很高尚、很艰难的历程。

中国的美学，不像西方那样有系统的逻辑评价。它经常是用直观的方式把握一些东西，但的确把握得很准；它不一定讲什么道理，即使讲道理也不一定讲得很明确。这样一种思维特点，值得很好地研究。我认为，中国美学最精彩的是儒家的积极的进取精神、庄子对人生的审美态度，庄子发现了很多艺术所特有的规律。人的技巧达到最成熟的时候，就成为跟自然一样的天然的东西。但又不是原来的自然，而是高于自然的。这样的思想是很了不起的。除这两个人之外，就要算屈原了。如果说儒家学说的"美"是人道的东西，道家（庄子为代表）的"美"是自然的话，那么屈原的"美"就是道德的象征。屈原是南方人。南方的楚文化又有自己的特点。它把道德情感化、自然化，就是所谓想像中的人化，"美人香草"，这对中国传统影响也很大，也是好的传统。还有就是中国的禅宗。中华民族是富于创造性的民族。很多东西到中国以后，中国自己再创造。佛教本来是外来的东西，有很多宗派，传到中国后，中国自己创造出一个禅宗，这在外国是没有的。一直到现在，世界上对禅宗都很有兴趣，研究禅宗的人很多。那个非常思辨非常细致的唯识宗，看起来很科学，很精密，却很少流行，玄奘搬进来，几十年就衰落了。中国长期流行的是禅宗，禅宗讲究直觉地把握本质，有些还把握得非常深刻。这对艺术影响很大。像这样一些东西，我认为是中国的优良传统，但很多都是唯心论的。禅宗是唯心论，庄子是唯心论或泛神论，儒家是唯心论，可他们是起了很大作用的。但不能因为是唯心论就甩掉这些东西，我觉得把握这些东西，对了解中国美学特点有好处。这是我的想法，希望大家都来做这个工作。

（※ 原题为《关于中国美学史的几个问题》，1981 年）

15 | 宗白华《美学散步》序

　　八十二岁高龄的宗白华老先生的美学结集由我来作序，实在是惶恐之至：藐予小子，何敢赞一言！

　　我在北京大学读书的时候，朱光潜、宗白华两位美学名家就都在学校里。但当时学校没有美学课，解放初年的社会政治气氛似乎还不可能把美学这样的学科提上日程。我记得当时连中国哲学史的课也没上过，教师们都在思想改造运动之后学习马列和俄文……。所以，我虽然早对美学有兴趣，却在学校里始终没有见过朱、宗二位。1957年我发表两篇美学论文之后，当时我已离开北大，才特地去看望宗先生。现在依稀记得，好像是一个不大暖和的早春天气，我在未名湖畔一间楼上的斗室里见到了这位蔼然长者。谈了些什么，已完全模糊了。只一点至今印象仍鲜如昨。这就是我文章中谈到艺术时说，"它（指艺术）可以是写作几十本书的题材"。对此，宗先生大为欣赏，这句话本身并没有很多意思，它既非关我的文章论旨，也无若何特别之处，这有什么值得注意的地方呢？我当时颇觉费解，因之印象也就特深。后来，我逐渐明白了：宗先生之所以特别注意了这句话，大概是以他一生欣赏艺术的丰富经历，深深地感叹着这方面有许多文章可作，而当时（以至现在）我们这方面的书又是何等的少。这句在我并无多少意义的抽象议论，在宗先生那里却是有着深切内容的具体感受。无怪乎黑格尔说，同一句话，由不同的人说出，其含义大不一样。

宗先生对艺术确有很多话要说，宗先生是那么热爱它。我知道，并且还碰到过好几次，宗先生或一人，或与三、四年轻人结伴，从城外坐公共汽车赶来，拿着手杖，兴致勃勃地参观各种展览会：绘画、书法、文物、陶瓷……。直到高龄，仍然如此。他经常指着作品说，这多美呀！至于为何美和美在哪里，却经常是叫人领会，难以言传的。当时北大好些同学都说，宗先生是位欣赏家。

我从小最怕作客，一向懒于走动。和宗先生长谈，也就只那一次。但从上述我感到费解的话里和宗先生那么喜欢看展览里，我终于领悟到宗先生谈话和他写文章的特色之一，是某种带着情感感受的直观把握。这次我读宗先生这许多文章（以前大部没读过）时，又一次感到了这一点，它们相当准确地把握住了那属于艺术本质的东西，特别是有关中国艺术的特征。例如，关于充满人情味的中国艺术中的空间意识，关于音乐、书法是中国艺术的灵魂，关于中西艺术的多次对比，等等。例如，宗先生说："一个充满音乐情趣的宇宙（时空合一体）是中国画家、诗人的艺术境界。"（第89页）"……我们欣赏山水画，也是抬头看见高远的山峰，然后层层向下，窥见深远的山谷，转向近景林下水边，最后横向平远的沙滩小岛。远山与近景构成一幅平面空间节奏，因为我们的视线是从上至下的流转曲折，是节奏的动。空间在这里不是一个透视法的三进向的空间，以作为布置景物的虚空间架，而是它自己也参加进全幅节奏，受全幅音乐支配着的波动，这正是转虚成实，使虚的空间化为实的生命。"（第92页）

或详或略，或短或长，都总是那种富有哲理情思的直观式的把握，并不作严格的逻辑分析或详尽的系统论证，而是单刀直入，扼要点出，诉诸人们的领悟，从而叫人去思考、去体会。在北大，提起美学，总要讲到朱光潜先生和宗白华先生。朱先生海内权威，早已名扬天下，无容我说。但如果把他们两位老人对照一下，则非常有趣（尽管这种对照只在极有限度的相对意义上）。两人年岁相仿，是同时代人，都学贯中西，造诣极高。但朱先生解放前后著述甚多，宗先生却极少写作。朱先生的文章和思维方式是推理的，宗先生却是抒情的，朱先生偏于文学，宗先生偏于艺术；朱先生更是近代的，西方的，科学的；宗先生更是古典的，中国的，艺术的；朱先生是学者，宗先生是诗人……。宗先生本就是二十年代有影响的诗人，出过诗集。二十年代的中国新诗，如同它的新鲜形式一样，我总觉得，它的内容也带着少年时代的生意盎然和空灵、美丽，带着那种对前途充满了新鲜活力的憧憬、期待的心情意绪，带着那种对宇宙、人生、生命的自我觉醒式的探索追求。刚刚经历了"五四"新文化运动的洗礼之后的二十年代的中国，一批批青年从传统母胎里解放或要求解放出来。面对着一个日益工业化的新世界，在一面承袭着古国文化，一面接受着西来思想的敏感的年轻心灵中，发出了对生活、对人生、对自然、对广大世界和无垠宇宙的新的感受、新的发现、新的错愕、感叹、赞美、依恋和悲伤。宗先生当年的《流云小诗》与谢冰心、冯雪峰、康白情、沈尹默、许地山、朱自清等人的小诗和散文一样，都或多或少或浓或淡地散发出这样一种时代音调。而我感到，这样一种对生命活力的倾慕赞美，对宇宙人生的哲理情思，从早年到暮岁，宗先生独特地一直保持了下来，并构成了宗先生这些美学篇章中的鲜明特色。你看那两篇罗丹的文章，写作时间相距数十年，精神面貌何等一致。你看，宗先生再三提到的《周易》、《庄子》，再三强调的中国美学以生意盎然的气韵、活力为主，"以大观小"，而不拘之于模拟形似；宗先生不断讲的"中国人不是像浮士德'追求'着'无限'，乃是在一丘一壑，一花一鸟中发现了无限，所以他的态度是悠然意远而又怡然自足的。他是超脱的，但又不是出世的"（第125页），等等，不正是这本《美学散步》的一贯主题么？不也正是宗先生作为诗人的人生态度么？"天行健，君子以自强不息"的儒家精神、以对待人生的审美态度为特色的庄子哲学，以及并不否弃生命的中国佛学——禅宗，加上屈骚传统，我以为，这就是中国美学的精英和灵魂。宗先生以诗人的锐敏，以近代人的感受，直观式地牢牢把握和强调了这个灵魂（特别是其中的前三者），我以为，这就是本书价值所在。

宗先生诗云：

生活的节奏，机器的节奏，

推动着社会的车轮，宇宙的旋律。

白云在青空飘荡，

人群在都会匆忙！

……

是诗意、是梦境、是凄凉、是回想？

缕缕的情思，织就生命的憧憬。

大地在窗外睡眠！

窗内的人心，

遥领着世界深秘的回音。（第 242 页）

在"机器的节奏"愈来愈快速、"生活的节奏"愈来愈紧张的异化世界里，如何保持住人间的诗意、生命、憧憬和情丝，不正是今日在迈向现代化社会中所值得注意的世界性问题么？不正是今天美的哲学所应研究的问题么？宗先生的《美学散步》能在这方面给我们以启发吗？我想，能的。

自和平宾馆顶楼开会之后，又多年没见宗先生了。不知道宗先生仍然拿着手杖，散步在未名湖畔否？未名湖畔，那是消逝了我的年轻时光的美的地方啊，我怎能忘怀。我祝愿宗先生的美学散步继续下去，我祝愿长者们长寿更长寿。

（选自《走我自己的路》，1981 年）

16 | 略论书法

　　一个有意思的现象是，近几年来书法热和美学热同时并兴，平行发展，持续不衰。但两者的联系却又好像看不出。为什么？我不清楚。联系不密切似乎说明用西方美学原理（我国的现代美学来自西方）来解说中国的独有艺术，大概还不是件容易的事。而二热同时兴起，似乎又点明美学与书法有着走向未来的共同基础。马克思不早说过么，人们是按照美的规律来造型的，而到共产主义，人人可以是艺术家。今天，明天，会有越来越多的人在自己的生产和生活中自觉地追求美的规律，也会有越来越多的人来捉笔舞墨，写意抒情。书法是每个人都可以自由游戏的艺术。从离休退休的老干部到年方几岁的小儿童，如今不都在手握巨笔，率性挥毫么？这大概是历史上尚未曾有的事。

　　书法如此广大的群众性和前景给美学提出了一大堆问题。美学属于哲学，而哲学，根据现代西方学院派的观念，是分析语言的学问。书法界关于抽象、形象的激烈论辩，倒首先在这一点可以联系上美学——哲学：如不对概念进行分析、厘定，不先搞清"形象""抽象"等词汇的多种含义，讨论容易成为语言的浪费，到头来越辩论越糊涂。

　　何谓"形象"？我想一般是指生活中各种现实存在的或幻想变形的具体物像：山水花鸟，人物故事，体貌动作以及妖魔鬼怪等等。何谓"抽象"？则大概是指非此类具体物象的形体状貌，如线条、色彩、音响等等。足见，"抽象"也者，并非无形体无物质结构之谓。园林里的怪石耸立，寺庙中的香烟缭绕，沙丘风迹，屋漏雨痕……均为有形之物，而与形体全无的思辨抽象不同。思维抽象也有其物质载体的形状符号，书法与它们的不同在于：作为思维抽象的物质形体的符号、记号（从大街上的红绿灯到纸上的数学公式、化学方程……），指示的是一些确定的观念、意义、判断、推理……；而书法及其他作为艺术作品的"抽象"却蕴含其全部意义、内容于其自身。就在那线条、旋律、形体、痕迹中，包含着非语言非概念非思辨非符号所能传达、说明、替代、穷尽的某种情感的、观念的、意识和无意识的意味。这"意味"经常是那样的朦胧而丰富，宽广而不确定……，它们是真正美学意义上的"有意味的形式"。这"形式"不是由于指示某个确定的观念内容而有其意味，也不是由于模拟外在具体物象而有此意味。它的"意味"即在此形式自身的结构、力量、气概、势能和运动的痕迹或遗迹中。书法就正是这样一种非常典型的"有意味的形式"的艺术。

书法一方面表达的是书写者的"喜怒窘穷，忧悲愉佚，怨恨思慕，酣醉无聊不平……"（韩愈），它从而可以是创作者有意识和无意识的内心秩序的全部展露；另方面，它又是"观于物，见山水崖谷，鸟兽虫鱼，草木之花实，日月列星，风雨水火，雷霆霹雳，歌舞战斗，天地事物之变，可喜可愕，一寓于书"（同上），它可以是"阴阳既生，形势出矣"（蔡邕：《九势》）、"上下与天地同流"（孟子）的宇宙普遍性形式和规律的感受同构。书法艺术所表现所传达的，正是这种人与自然、情绪与感受、内在心理秩序结构与外在宇宙（包括社会）秩序结构直接相碰撞、相斗争、相协奏的伟大生命之歌。这远远超出了任何模拟或借助具体物象具体场景人物所可能表现再现的内容、题材和范围。书法艺术是审美领域内人的自然化与自然的人化的直接统一的一种典型代表。它直接地作用于人的整个心灵，从而潜移默化地影响着人的身（从指腕神经到气质性格）心（从情感到思想）的各个方面……

前面所引韩愈的话主要讲的是人的自然化方面，即人的情感和书法艺术应该是对整个大自然的节律秩序的感受呼应和同构。自然的人化则表现为在审美捕捉和艺术物态化这个同构中无意识地积淀着社会性时代性的宽广内容。汉碑晋帖，唐法宋意，明清个性……，同样的"忧悲愉佚"，同样的"日月列星"，却又仍然有所不同。它们仍然是积淀着不同社会时代特色的韵味风流。那么，在今天，新的韵味风流，新的书法创造又该是些什么呢？这不正是向书法热和美学热共同提出的问题么？

新时代的书法艺术是否一定要离开汉字去创造呢？曰：唯唯否否。那样的确可以更自由更独立地抒写建构主体感受情绪的同构物，实际上它约略相当于抽象表现主义的绘画。但是，获得这种自由和独立的代价却是：（一）失去了继续对汉字原有结构中的美的不断发现、发掘、变化和创新；（二）失去书法艺术美的综合性。

如前所说，书法的美本是独立的，并不依存于其作为汉字符号的义字内容和意义；所以，断碑残简，片楷只字，仍然可以具有极大的审美价值。不过，中国人的审美趣味却总是趋向综合，小说里有诗词，画面中配诗文，诗情又兼画意，戏曲更是如此：集歌、舞、音乐、文学于一炉；即使手工艺品，也以古董为佳，因为除欣赏其技艺外，还可发思古之幽情。总之，似乎在各种艺术的恰当的彼此交叠中，可以获得更大的审美愉快。书法何不然？挂在厅室里的条幅一般不会是无意义的汉字组合，而总兼有一定的文学的内容或观念的意义。人们不唯观其字，而且赏其文，品其意，而后者交织甚至渗透在前者之中，使这"有意味的形式"一方面获得了更确定的观念意义，另方面又不失其形体结构势能动态的美。两者相得益彰，于是乎玩味流连，乐莫大焉。

（选自《走我自己的路》，1986 年）

17 | 汉字之美

与青铜时代同时发达成熟的，是汉字。汉字作为书法，终于在后世成为中国独有的艺术部类和审美对象。追根溯源，也应回顾到它的这个定形确立时期。

甲骨文已是相当成熟的汉字了。它的形体结构和造字方式，为后世汉字和书法的发展奠定了原则和基础。汉字是以"象形"、"指事"为本源。"象形"有如绘画，来自对对象概括性极大的模拟写实。然而如同传闻中的结绳记事一样，从一开始，象形字就已包含有超越被模拟对象的符号意义。一个字表现的不只是一个或一种对象，而且也经常是一类事实或过程，也包括主观的意味、要求和期望。这即是说，"象形"中也已蕴涵有"指事"、"会意"的内容。正是这个方面使汉字的象形在本质上有别于绘画，具有符号所特有的抽象意义、价值和功能。但由于它既源出于"象形"，并且在其发展行程中没有完全抛弃这一原则，从而就使这种符号作用所寄居的字形本身，以形体模拟的多样可能性，取得相对独立的性质和自己的发展道路，即是说，汉字形体获得了独立于符号意义（字义）的发展途径。以后，它更以其净化了的线条美——比彩陶纹饰的抽象几何纹还要更为自由和更为多样的线的曲直运动和空间构造，表现出和表达出种种形体姿态、情感意兴和气势力量，终于形成中国特有的线的艺术：书法。

许慎在《说文解字·序》中说：

> 仓颉之初作书，盖依类象形，故谓之文。

以后许多书家也认为，作为书法的汉字确有模拟、造型这个方面：

> 或像龟文，或比龙麟，舒体放尾，长翅短身，颉若黍稷之垂颖，蕴若虫蚊之莽绌。（蔡邕：《篆势》）
>
> 或栉比针列，或砥绳平直，或蜿蜒缪戾，或长邪角趣。（《隶势》）
>
> 缅想圣达立卦造书之意，乃复仰观俯察六合之际焉。于天地山川得玄远流峙之形，于日月星辰得经纬昭回之度，于云霞草木得霏布滋蔓之容，于衣冠文物得揖让周旋之体，于须眉口鼻得喜怒惨舒之分，于虫鱼禽兽得屈伸飞动之理，于骨角齿牙得摆抵咀嚼之势。随手万变，任心所成，可谓通三才之品，汇备万物之性状者矣。（李阳冰：《论篆》）

这表明，从篆书开始，书家和书法必须注意对客观世界各种对象、形体、姿态的模拟、吸取，即使这种模拟吸取具有极大的灵活性、概括性和抽象化的自由。这是一方面。另一方面，"象形"作为"文"的本意，是汉字的始源。后世"文"的概念便扩而充之相当于"美"。汉字书法的美也确乎建立在从象形基础上演化出来的线条章法和形体结构之上，即在它们的曲直适宜，纵横合度，结体自如，布局完满。甲骨文开始了这个美的历程。"至其悬针垂韭之笔致，横直转折，安排紧凑，又如三等角之配合。空间疏密之调和，诸如此类，竟能给一段文字以全篇之美观。此美莫非来自意境而为当时书家精意结构可知也。"（宗白华：《中国书法中的美学思想》）应该说，这种净化了的线条美——书法艺术在当时远远不是自觉的。就是到钟鼎金文的数百年过程中，由开始的图画形体发展到后来的线的着意舒展，由开始的单个图腾符号发展到后来长篇的铭功记事，也一直要到东周春秋之际，才比较明显地表现出对这种书法美的有意识的追求。它与当时铭文内容的滋蔓和文章风格的追求是颇相一致的。郭沫若说，"东周而后，书史之性质变而为文饰，如钟镈之铭多韵语，以规整之款式镂刻于器表，其字体亦多作波磔而有意求工。……凡此均于审美意识之下所施之文饰也，其效用与花纹同。中国以文字为艺术品之习尚当自此始"。（郭沫若：《青铜时代》）有如青铜饕餮这时也逐渐变成了好看的文饰一样。在早期，青铜饕餮和这些汉字符号（经常铸刻在不易为人所见的器物底部等处）都具严重的神圣含义，根本没考虑到审美，但到春秋战国，它作为审美对象的艺术特性便突出地独立地发展开来了。与此并行，具有某种独立性质的艺术作品和审美意识也要到这时才真正出现。

　　如果拿殷代的金文和周代比，前者更近于甲文，直线多而圆角少，首尾常露尖锐锋芒。但布局、结构的美虽不自觉，却已有显露。到周金中期的大篇铭文，则章法讲究，笔势圆润，风格分化，各派齐出，字体或长或圆，刻划或轻或重。著名的《毛公鼎》、《散氏盘》等达到了金文艺术的极致。它们或方或圆，或结体严正、章法严劲而刚健，一派崇高肃毅之气；或结体沉圆，似疏而密，外柔而内刚，一派开阔宽厚之容。它们又都以圆浑沉雄的共同风格区别于殷商的尖利直拙。"中国古代商周铜器铭文里所表现章法的美，令人相信仓颉四目窥见了宇宙的神奇，获得自然界最深妙的形式的秘密。""通过结构的疏密，点画的轻重，行笔的缓急……，就像音乐艺术从自然界的群声里抽出乐音来，发展这乐音间相互结合的规律，用强弱、高低、节奏、旋律等有规律的变化来表现自然界社会界的形象和内心的情感。"（宗白华：《中国书法中的美学思想》）在这些颇带夸张的说法里，倒可以看出作为线的艺术的中国书法的某些特征：它像音乐从声音世界里提炼抽取出乐音来，依据自身的规律，独立地展开为旋律、和声一样，净化了的线条——书法美，以其挣脱和超越形体模拟的笔划（后代成为所谓"永字八法"）的自由开展，构造出一个个一篇篇错综交织、丰富多样的纸上的音乐和舞蹈，用以抒情和表意。可见，甲骨、金文之所以能开创中国书法艺术独立发展的道路，其秘密正在于它们把象形的图画模拟，逐渐变为纯粹化了（即净化）的抽象的线条和结构。这种净化了的线条——书法美，就不是一般的图案花纹的形式美、装饰美，而是真正意义上的"有意味的形式"。一般形式美经常是静止的、程式化、规格化和失去现实生命感、力量感的东西（如美术字），"有意味的形式"则恰恰相反，它是活生生的、流动的、富有生命暗示和表现力量的美。中国书法——线的艺术非前者而正是后者，所以，它不是线条的整齐一律均衡对称的形式美，而是远为多样流动的自由美。行云流水，骨力追风，有柔有刚，方圆适度。它的每一个字、每一篇、每一幅都可以有创造、有变革甚至有个性，并不作机械的重复和僵硬的规范。它既状物又抒情，兼备造型（概括性的模拟）和表现（抒发情感）两种因素和成分，并在其长久的发展行程中，终以后者占了主导和优势（参阅本书第七章）。书法由接近于绘画雕刻变而为可等同于音乐和舞蹈。并且，不是书法从绘画而是绘画要从书法中吸取经验、技巧和力量。运笔的轻重、疾涩、虚实、强弱、转折顿挫、节奏韵律、净化了的线条如同音乐旋律一般，它们竟成了中国各类造型艺术和表现艺术的魂灵。

金文之后是小篆，它是笔划均匀的曲线长形，结构的美异常突出，再后是汉隶，破圆而方，变联续而断绝，再变而为草、行、真，随着时代和社会发展变迁，就在这"上下左右之位，方圆大小之形"的结体和"疏密起伏"、"曲直波澜"的笔势中，创造出了各种各样多彩多姿的书法艺术。它们具有高度的审美价值。与书法同类的印章也如此。在一块极为有限的小小天地中，却以其刀笔和结构，表现出种种意趣气势，形成各种风格流派，这也是中国所独有的另一"有意味的形式"。而印章究其字体始源，又仍得追溯到青铜时代的钟鼎金文。

（※节选自《美的历程》，1981 年）

18 ｜ 建筑艺术

　　如同诗文中的情感因素一样，前面几章已说，在造型艺术部类，线的因素体现着中国民族的审美特征。线的艺术又恰好是与情感有关的。正如音乐一样，它的重点也是在时间过程中展开。又如本章前节所说，这种情感抒发大都在理性的渗透、制约和控制下，表现出一种情感中的理性的美。所有这些特征也在一定程度和意义上出现在以抽象的线条、体积为审美对象的建筑艺术中，同样展现出中国民族在审美上的某些基本特色。

　　从新石器时代的半坡遗址等处来看，方形或长方形的土木建筑体制便已开始，它终于成为中国后世主要建筑形式。与世界许多古文明不同，不是石建筑而是木建筑成为中国一大特色，为什么？似乎至今并无解答。在《诗经》等古代文献中，有"如翚斯飞"、"作庙翼翼"之类的描写，可见当时木建筑已颇具规模，并且具有审美功能。从"翼翼"、"斯飞"来看，大概已有舒展如翼、四宇飞张的艺术效果。但是，对建筑的审美要求达到真正高峰，则要到春秋战国时期。这时随着社会进入新阶段，一股所谓"美轮美奂"的建筑热潮盛极一时地蔓延开来。不只是为避风雨而且追求使人赞叹的华美，日益成为新兴贵族们的一种重要需要和兴趣所在。《左传》、《国语》中便有好些记载，例如"美哉室，其谁有此乎"（《左传·昭公二十六年》），"台美乎"（《国语·晋语》）。《墨子·非乐》说吴王夫差筑姑苏之台十年不成，《左传·庄公三十一年》有春夏秋三季筑台的记述，《国语·齐语》有齐襄公筑台的记述，如此等等。

这股建筑热潮大概到秦始皇并吞六国后大修阿房宫而达到最高点。据文献记载，两千余年前的秦代宫殿建筑是相当惊人的：

> 秦每破诸侯，写放其宫室，作之咸阳北阪上，南临渭，自雍门以东至泾、渭，殿屋复道周阁相属。

> 始皇以为咸阳人多，先王之宫廷小，……乃营作朝宫渭南上林苑中。先作前殿阿房，东西五百步，南北五十丈，上可以坐万人，下可以建五丈旗。周驰为阁道，自殿下直抵南山。表南山之巅以为阙。（《史记·秦始皇本纪》）

从这种文字材料可以看出，中国建筑最大限度地利用了木结构的可能和特点，一开始就不是以单一的独立个别建筑物为目标，而是以空间规模巨大、平面铺开、相互连接和配合的群体建筑为特征的。它重视的是各个建筑物之间的平面整体的有机安排。当年的地面建筑已不可见，但地下始皇陵的规模格局也清晰地表明了这一点。从现在发掘的极为片断的陵的前沿兵马俑坑情况看，那整个场面简直是不可思议的雄伟壮观。从这些陶俑的身体状貌直到建筑材料（秦砖）的厚大坚实，也无不显示出那难以想象的宏大气魄。这完全可以与埃及金字塔相媲美。不同的是，它是平面展开的整体复杂结构，不是一座座独立自足的向上堆起的比较单纯的尖顶。

"百代皆沿秦制度"。建筑亦然。它的体制、风貌大概始终没有脱离先秦奠定下来的这个基础规范。秦汉、唐宋、明清建筑艺术基本保持了和延续着相当一致的美学风格。

这个艺术风格是什么呢？简单说来，仍是本章所讲的作为中国民族特点的实践理性精神。

首先，各民族主要建筑多半是供养神的庙堂，如希腊神殿、伊斯兰建筑、哥特式教堂等等。中国主要大都是宫殿建筑，即供世上活着的君主们所居住的场所，大概从新石器时代的所谓"大房子"开始，中国的祭拜神灵即在与现实生活紧相联系的世间居住的中心，而不在脱离世俗生活的特别场所。自儒学替代宗教之后，在观念、情感和仪式中，更进一步发展贯彻了这种神人同在的倾向。于是，不是孤立的、摆脱世俗生活、象征超越人间的出世的宗教建筑，而是入世的、与世间生活环境联在一起的宫殿宗庙建筑，成了中国建筑的代表。从而，不是高耸入云、指向神秘的上苍观念，而是平面铺开、引向现实的人间联想；不是可以使人产生某种恐惧感的异常空旷的内部空间，而是平易的，非常接近日常生活的内部空间组合；不是阴冷的石头，而是暖和的木质，等等，构成中国建筑的艺术特征。在中国建筑的空间意识中，不是去获得某种神秘、紧张的灵感、悔悟或激情，而是提供某种明确、实用的观念情调。正如中国绘画理论所说，山水画有"可望"、"可游"、"可居"种种，但"可游"、"可居"胜过"可望"、"可行"（见第九章）。中国建筑也同样体现了这一精神。即是说，它不重在强烈的刺激或认识，而重在生活情调的感染熏陶，它不是一礼拜才去一次的灵魂洗涤之处，而是能够经常瞻仰或居住的生活场所。在这里，建筑的平面铺开的有机群体，实际已把空间意识转化为时间进程，就是说，不是像哥特式教堂那样，人们突然一下被扔进一个巨大幽闭的空间中，感到渺小恐惧而祈求上帝的保护。相反，中国建筑的平面纵深空间，使人慢慢游历在一个复杂多样楼台亭阁的不断进程中，感受到生活的安适和环境的和谐。瞬间直观把握的巨大空间感受，在这里变成长久漫游的时间历程。实用的、入世的、理智的、历史的因素在这里占着明显的优势，从而排斥了反理性的迷狂意识。正是这种意识构成许多宗教建筑的审美基本特征。

中国的这种理性精神还表现在建筑物严格对称结构上，以展现严肃、正方、井井有条（理性）。所以，就单个建筑来说，比起基督教、伊斯兰教和佛教建筑来，它确乎相对低矮，比较平淡，应该承认逊色一筹。但就整体建筑群说，它却结构方正，逶迤交错，气势雄浑。它不是单个建筑物的体状形貌，而是以整体建筑群的结构布局、制约配合而取胜。非常简单的基本单位却组成了复杂的群体结构，形成在严格对称中仍有变化，在多样变化中又保持统一的风貌。即使像万里长城，虽然不可能有任何严格之对称可言，但它的每段体制则是完全雷同的。它盘缠万里，虽不算高大却连绵于群山峻岭之巅，像一条无尽的龙蛇在作永恒的飞舞。它在空间上的连续本身即展示了时间中的绵延，成了我们民族的伟大活力的象征。

这种本质上是时间进程的流动美，在个体建筑的空间形式上，也同样表现出来，这方面又显出线的艺术特征，因为它是通过线来做到这一点的。中国木结构建筑的屋顶形状和装饰，占有重要地位，屋顶的曲线、向上微翘的飞檐（汉以后），使这个本应是异常沉重的往下压的大帽，反而随着线的曲折，显出向上挺举的飞动轻快，配以宽厚的正身和阔大的台基，使整个建筑安定踏实而毫无头重脚轻之感，体现出一种情理协调、舒适实用、有鲜明节奏感的效果，而不同于欧洲或伊斯兰以及印度建筑。就是由印度传来的宗教性质的宝塔，正如同传来的雕塑壁画一样，也终于中国化了。它不再是体积的任意堆积而繁复重累，也不是垂直一线上下同大，而表现为一级一级的异常明朗的数学整数式的节奏美。这使它便大不同于例如吴哥寺那种繁复堆积的美。如果拿相距不远的西安大小雁塔来比，就可以发现，大雁塔更典型地表现出中国式的宝塔的美。那节奏异常单纯而分明的层次，那每个层次之间的疏朗的、明显的差异比例，与小雁塔各层次之间的差距小而近，上下浑如一体，不大相同。后者尽管也中国化了，但比较起来，恐怕更接近于异域的原本情调吧。同样，如果拿 1968 年在北京发现的元代城门和人们熟悉的明代城门来比，这种民族建筑的艺术特征也很明显。元代城门以其厚度薄而倾斜度略大的形象，便自然具有某种异国风味，例如它似乎有点近于伊斯兰的城门。明代城门和城墙（特别像南京城的城墙）则相反，它厚实直立而更显雄浑。尽管这些都已是后代的发展，但基本线索仍要追溯到先秦理性精神。

也由于是世间生活的宫殿建筑，供享受游乐而不只供崇拜顶礼之用，从先秦起，中国建筑便充满了各种供人自由玩赏的精细的美术作品（绘画、雕塑）。《论语》中有"山节藻棁"，"朽木不可雕也"，从汉赋中也可以看出当时建筑中绘画雕刻的繁富。斗拱、飞檐的讲究，门、窗形式的自由和多样，鲜艳色彩的极力追求，"金铺玉户"、"重轩镂槛"、"雕梁画栋"，是对它们的形容描述。延续到近代，也仍然如此。

"庭院深深深几许"。大概随着晚期封建社会中经济生活和意识形态的变化，园林艺术日益发展。显示威严庄重的宫殿建筑的严格的对称性被打破，迂回曲折、趣味盎然、以模拟和接近自然山林为目标的建筑美出现了。空间有畅通，有阻隔，变化无常，出人意料，可以引动更多的想像和情感，"山重水复疑无路，柳暗花明又一村"。这种仍然是以整体有机布局为特点的园林建筑，却表现着封建后期文人士大夫们更为自由的艺术观念和审美理想。与山水画的兴起（见第九章）大有关系，它希求人间的环境与自然界更进一步的联系，它追求人为的场所自然化，尽可能与自然合为一体。它通过各种巧妙的"借景"、"虚实"的种种方式、技巧，使建筑群与自然山水的美沟通汇合起来，而形成一个更为自由也更为开阔的有机整体的美。连远方的山水也似乎被收进在这人为的布局中，山光、云树、帆影、江波都可以收入建筑之中，更不用说其中真实的小桥、流水、"稻香村"了。它们的浪漫风味更浓了。但在中国古代文艺中，浪漫主义始终没有太多越出古典理性的范围，在建筑中，它们也仍然没有离开平面铺展的理性精神的基本线索，仍然是把空间意识转化为时间过程；渲染表达的仍然是现实世间的生活意绪，而不是超越现实的宗教神秘。实际上，它是以玩赏的自由园林（道）来补足居住的整齐屋宇（儒）罢了。

（※节选自《美的历程》，1981年）

19 | 魏晋风度

魏晋在中国历史上是一个重大变化时期。无论经济、政治、军事、文化和整个意识形态，包括哲学、宗教、文艺等等，都经历转折。这是继先秦之后第二次社会形态的变异所带来的。战国秦汉的繁盛城市和商品经济相对萎缩，东汉以来的庄园经济日益巩固和推广，大量个体小农和大规模的工商奴隶经由不同渠道，变而为束缚在领主土地上、人身依附极强的农奴或准农奴。与这种标准的自然经济相适应，分裂割据、各自为政、世代相沿、等级森严的门阀士族阶级占住了历史舞台的中心，中国前期封建社会正式揭幕。（本书采魏晋封建说。）

社会变迁在意识形态和文化心理上的表现，是占据统治地位的两汉经学的崩溃。烦琐、迂腐、荒唐，既无学术效用又无理论价值的谶纬和经术，在时代动乱和农民革命的冲击下，终于垮台。代之而兴的是门阀士族地主阶级的世界观和人生观。这是一种新的观念体系。

本书不同意时下中国哲学史研究中广泛流行的论调，把这种新的世界观人生观以及作为它们理论形态的魏晋玄学，一概说成是腐朽反动的东西。实际上，魏晋恰好是一个哲学重新解放，思想非常活跃、问题提出很多、收获甚为丰硕的时期。虽然在时间、广度、规模、流派上比不上先秦，但思辨哲学所达到的纯粹性和深度上，却是空前的。以天才少年王弼为代表的魏晋玄学，不但远超烦琐和迷信的汉儒，而且也胜过清醒和机械的王充。时代毕竟是前进的，这个时代是一个突破百年的统治意识，重新寻找和建立理论思维的解放历程。

确乎有一个历程。它开始于东汉末年。埋没了一百多年的王充《论衡》被重视和流行，标志着理性的一次重新发现。与此同时和稍后，仲长统、王符、徐幹的现实政论，曹操、诸葛亮的法家观念，刘劭的《人物志》，众多的佛经翻译……，从各个方面都不同于两汉，是一股新颖先进的思潮。被"罢黜百家，独尊儒术"压抑了数百年的先秦的名、法、道诸家，重新为人们所着重探究。在没有过多的统制束缚、没有皇家钦定的标准下，当时文化思想领域比较自由而开放，议论争辩的风气相当盛行。正是在这种基础上，与颂功德、讲实用的两汉经学、文艺相区别，一种真正思辨的、理性的"纯"哲学产生了；一种真正抒情的、感性的"纯"文艺产生了。这二者构成中国思想上的一个飞跃。哲学上的何晏、王弼，文艺上的三曹、嵇、阮，书法上的钟、卫、二王，等等，便是体现这个飞跃、在意识形态各部门内开创真善美新时期的显赫代表。

那末，从东汉末年到魏晋，这种意识形态领域内的新思潮即所谓新的世界观人生观，和反映在文艺—美学上的同一思潮的基本特征，是什么呢？

简单说来，这就是人的觉醒。它恰好成为从两汉时代逐渐脱身出来的一种历史前进的音响。在人的活动和观念完全屈从于神学目的论和谶纬宿命论支配控制下的两汉时代，是不可能有这种觉醒的。但这种觉醒，却是通由种种迂回曲折错综复杂的途径而出发、前进和实现。文艺和审美心理比起其他领域，反映得更为敏感、直接和清晰一些。

《古诗十九首》以及风格与之极为接近的苏李诗，无论从形式到内容，都开一代先声。它们在对日常时世、人事、节候、名利、享乐等等咏叹中，直抒胸臆，深发感喟。在这种感叹抒发中，突出的是一种性命短促、人生无常的悲伤。它们构成《十九首》一个基本音调：

"生年不满百，常怀千岁忧"；"人生寄一世，奄忽若飘尘"；"人生非金石，岂能长寿考"；"人生忽如寄，寿无金石固"；"所遇无故物，焉得不速老"；"万岁更相送，圣贤莫能度"；"出郭门直视，但见丘与坟"……，被钟嵘推为"文温以丽，意悲而远，惊心动魄，可谓几乎一字千金"的这些"古诗"中，却有多少个字用于这种人生无常的慨叹！如改说一字千斤，那么这里就有几万斤的沉重吧。它们与友情、离别、相思、怀乡、行役、命运、劝慰、愿望、勉励……结合揉杂在一起，使这种生命短促、人生坎坷、欢乐少有、悲伤长多的感喟，愈显其沉郁和悲凉：

> 行行重行行，与君生别离，相去万余里，各在天一涯。道路阻且长，会面安可知？……思君令人老，岁月忽已晚，弃捐勿复道，努力加餐饭。

> 古墓犁为田，松柏摧为薪，白杨多悲风，萧萧愁杀人，思还故里闾，欲归道无因。

> 征夫怀远路，起视夜何其。参辰皆已没，去去从此辞。行役在战场，相见未有期。握手一长叹，泪为生别滋。努力爱春华，莫忘欢乐时。生当复来归，死当长相思。……

这种对生死存亡的重视、哀伤，对人生短促的感慨、喟叹，从建安直到晋宋，从中下层直到皇家贵族，在相当一段时间中和空间内弥漫开来，成为整个时代的典型音调。曹氏父子有"对酒当歌，人生几何，譬如朝露，去日苦多"（曹操）；"人亦有言，忧令人老，嗟我白发，生亦何早"（曹丕）；"人生处一世，去若朝露晞，……自顾非金石，咄唶令人悲"（曹植）。阮籍有"人生若尘露，天道邈悠悠，……孔圣临长川，惜逝忽若浮"。陆机有"天道信崇替，人生安得长，慷慨惟平生，俯仰独悲伤"。刘琨有"功业未及建，夕阳忽西流，时哉不我与，去乎若云浮"。王羲之有"死生亦大矣，岂不痛哉……固知一死生为虚诞，齐彭殇为妄作，后之视今亦犹今之视昔，悲夫"！陶潜有"悲晨曦之易夕，感人生之长勤。同一尽于百年，何欢寡而愁殷"。……他们唱出的都是这同一哀伤，同一感叹，同一种思绪，同一种音调。可见这个问题在当时社会心理和意识形态上具有重要的位置，是他们的世界观人生观的一个核心部分。

这个核心便是在怀疑论哲学思潮下对人生的执着。在表面看来似乎是如此颓废、悲观、消极的感叹中，深藏着的恰恰是它的反面，是对人生、生命、命运、生活的强烈的欲求和留恋。而它们正是在对原来占据统治地位的奴隶制意识形态——从经术到宿命，从鬼神迷信到道德节操的怀疑和否定基础上产生出来的。正是对外在权威的怀疑和否定，才有内在人格的觉醒和追求。也就是说，以前所宣传和相信的那套伦理道德、鬼神迷信、谶纬宿命、烦琐经术等等规范、标准、价值，都是虚假的或值得怀疑，它们并不可信或并无价值。只有人必然要死才是真的，只有短促的人生中总充满那么多的生离死别哀伤不幸才是真的。既然如此，那为什么不抓紧生活，尽情享受呢？为什么不珍重自己珍重生命呢？所以，"昼短苦夜长，何不秉烛游"；"何不饮美酒，被服纨与素"；"何不策高足，先据要路津"；说得干脆、坦率、直接和不加掩饰。表面看来似乎是无耻地在贪图享乐、腐败、堕落，其实，恰恰相反，它是在当时特定历史条件下深刻地表现了对人生、生活的极力追求。生命无常、人生易老本是古往今来一个普遍命题，魏晋诗篇中这一永恒命题的咏叹之所以具有如此感人的审美魅力而千古传诵，也是与这种思绪感情中所包含的具体时代内容不可分的。从黄巾起义前后起，整个社会日渐动荡，接着便是战祸不已，疾疫流行，死亡枕藉，连大批的上层贵族也在所不免。"徐（幹）陈（琳）应（瑒）刘（桢），一时俱逝"（曹丕：《与吴质书》），荣华富贵，顷刻丧落，曹植曹丕也都只活了四十岁……。既然如此，而上述既定的传统、事物、功业、学问、信仰又并不怎么可信可靠，大都是从外面强加给人们的，那末个人存在的意义和价值就突出出来了，如何有意义地自觉地充分把握住这短促而多苦难的人生，使之更为丰富满足，便突出出来了。它实质上标志着一种人的觉醒，即在怀疑和否定旧的传统标准和信仰价值的条件下，人对自己生命、意义、命运的重新发现、思索、把握和追求。这是一种新的态度和观点。正因为如此，才使那些公开宣扬"人生行乐"的诗篇，内容也仍不同于后世腐败之作。而流传下来的大部分优秀诗篇，却正是在这种人生感叹中抒发着蕴藏着一种向上的、激励人心的意绪情感，它们随着不同的具体时期而各有不同的具体内容。在"对酒当歌，人生几何"底下的，是"烈士暮年，壮心不已"的老骥长嘶，建安风骨的人生哀伤是与其建功立业"慷慨多气"结合交融在一起的。在"死生亦大矣，岂不痛哉"后面的，是"群籁虽参差，适我莫非新"，企图在大自然的怀抱中去找寻人生的慰藉和哲理的安息。其间如正始名士的不拘礼法，太康、永嘉的"抚枕不能寐，振衣独长想"（陆机）、"何期百炼刚，化为绕指柔"（刘琨）的政治悲愤，都有一定的具体积极内容。正由于有这种内容，便使所谓"人的觉醒"没有流于颓废消沉；正由于有人的觉醒，才使这种内容具备美学深度。《十九首》、建安风骨、正始之音直到陶渊明的自挽歌，对人生、生死的悲伤并不使人心衰气丧，相反，获得的恰好是一种具有一定深度的积极感情，原因就在这里。

如前所说，内的追求是与外的否定联在一起，人的觉醒是在对旧传统旧信仰旧价值旧风习的破坏、对抗和怀疑中取得的。"何不饮美酒，被服纨与素"，与儒家教义显然不相容，是对抗着的。曹氏父子破坏了东汉重节操伦常的价值标准，正始名士进一步否定了传统观念和礼俗。但"非汤、武而薄周、孔"，嵇康终于被杀头；阮籍也差一点，维护"名教"的何曾就劝司马氏杀阮，理由是"纵情背礼败俗"。这有如刘伶《酒德颂》所说，当时是"贵介公子，缙绅处士，……奋袂攘襟，怒目切齿，陈说礼法，是非蜂起"，可见思想对立和争斗之激烈。但陈旧的礼法毕竟抵挡不住新颖的思想，政治的迫害也未能阻挡风气的改变。从哲学到文艺，从观念到风习，看来是如此狂诞不经的新东西，毕竟战胜和取代了一本正经而更加虚伪的旧事物。才性胜过节操，薄葬取替厚葬，王弼超越汉儒，"竹林七贤"成了理想人物，甚至在墓室的砖画上，也取代或挤进了两汉的神仙迷信、忠臣义士的行列。非圣无法、大遭物议并被杀头的人物竟然嵌进了地下庙堂的画壁，而这些人物既无显赫的功勋，又不具无边的法力，更无可称道的节操，却以其个体人格本身，居然可以成为人们的理想和榜样，这不能不是这种新世界观人生观的胜利表现。人们并不一定要学那种种放浪形骸、饮酒享乐，而是被那种内在的才情、性貌、品格、风神吸引着、感召着。人在这里不再如两汉那样以外在的功业、节操、学问，而主要以其内在的思辨风神和精神状态，受到了尊敬和顶礼。是人和人格本身而不是外在事物，日益成为这一历史时期哲学和文艺的中心。

当然，这里讲的"人"仍是有具体社会性的，他们即是门阀士族。由对人生的感喟咏叹到对人物的讲究品评，由人的觉醒意识的出现到人的存在风貌的追求，其间正以门阀士族的政治制度和取才标准为中介。后者在造成这一将着眼点转向人的内在精神的社会氛围和心理状况上，有直接的关系。自曹丕确定九品中正制度以来，对人的评议正式成为社会、政治、文化谈论的中心。又由于它不再停留在东汉时代的道德、操守、儒学、气节的品评，于是人的才情、气质、格调、风貌、性分、能力便成了重点所在。总之，不是人的外在的行为节操，而是人的内在的精神性（亦即被看作是潜在的无限可能性），成了最高的标准和原则。完全适应着门阀士族们的贵族气派，讲求脱俗的风度神貌成了一代美的理想。不是一般的、世俗的、表面的、外在的，而是要表达出某种内在的、本质的、特殊的、超脱的风貌姿容，才成为人们所欣赏、所评价、所议论、所鼓吹的对象。从《人物志》到《世说新语》，可以清晰地看出这一特点愈来愈明显。《世说新语》，津津有味地论述着那么多的神情笑貌、传闻逸事，其中并不都是功臣名将们的赫赫战功或忠臣义士的烈烈操守，相反，更多的倒是手执拂麈，口吐玄言，扪虱而谈，辩才无碍。重点展示的是内在的智慧，高超的精神，脱俗的言行，漂亮的风貌；而所谓漂亮，就是以美如自然景物的外观，体现出人的内在智慧和品格。例如：

时人目王右军，飘如游云，矫若惊龙。

嵇叔夜之为人也，岩岩若孤松之独立；其醉也，傀俄若玉山之将崩。

（《世说新语》）

"朗朗如日月之入怀"，"双眸闪闪若岩下电"，"濯濯如春月柳"，"谡谡如劲松下风"，"若登山临下，幽然深远"，"岩岩清峙，壁立千仞"……；这种种夸张地对人物风貌的形容品评，要求以漂亮的外在风貌表达出高超的内在人格，正是当时这个阶级的审美理想和趣味。

本来，有自给自足不必求人的庄园经济，有世代沿袭不会变更的社会地位、政治特权，门阀士族们的心思、眼界、兴趣由环境转向内心，由社会转向自然，由经学转向艺术，由客观外物转向主体存在，也并不奇怪。"目送归鸿，手挥五弦；俯仰自得，游心太玄。"（嵇康）他们畏惧早死，追求长生，服药炼丹，饮酒任气，高谈老庄，双修玄礼，既纵情享乐，又满怀哲意，这就构成似乎是那么潇洒不群、那么超然自得、无为而无个为的所谓魏晋风度；药、酒、姿容，论道谈玄，山水景色……，成了衬托这种风度的必要的衣袖和光环。

这当然反映在哲学—美学领域内。不是外在的纷繁现象，而是内在的虚无本体，不是自然观（元气论），而是本体论，成了哲学的首要课题。只有具备潜在的无限可能性，才可发为丰富多样的现实性。所以，"以无为本"，"崇本息末"，"本在无为，母在无名，弃本舍母而适其子，功虽大焉，必有不济"。（王弼：《老子》三十八章注）"夫物之所以生，功之所以成，必生乎无形，由乎无名，无形无名者，事物之宗也。"（王弼：《老子略例》）外在的任何功业事物都是有限和能穷尽的，只是内在的精神本体，才是原始、根本、无限和不可穷尽，有了后者（母）才可能有前者。而这也就是"圣人"："圣人茂于人者，神明也；同于人者，人情也。神明茂，故能体冲和以通无；五情同，故不能无哀乐以应物。"（何劭：《王弼传》引王语）这不正是上面讲的那种魏晋风度的哲理思辨化吗？无为而无不为，茂于神明而同有哀乐，不是外在的有限的表面的功业、活动，而是具有无限可能潜在性的精神、格调、风貌，成了这一时期哲学中的无的主题和艺术中的美的典范。于是，两汉的五彩缤纷的世界（动的行为）让位于魏晋的五彩缤纷的人格（静的玄想）。抒情诗、人物画在这时开始成熟，取代那冗长、铺陈和拙笨的汉赋和汉画像石。正如在哲学中，玄学替代经学，本体论（内在实体的追求）取代了自然观（外在世界的探索）一样。

这也很清楚，"以形写神"和"气韵生动"，作为美学理论和艺术原则之所以会在这一时期被提出，是毫不偶然了。所谓"气韵生动"就是要求绘画生动地表现出人的内在精神气质、格调风度，而不在外在环境、事件、形状、姿态的如何铺张描述（两汉艺术恰恰是这样，见上章）。谢赫《古画品录》评为第一品第一人的陆探微便正是"穷理尽性，事绝言象"的。"以形写神"当然也是这个意思。顾恺之说，"四体妍蚩本无关于妙处，传神写照正在阿堵中"，即是说，"传神"要靠人的眼睛，而并不靠人的形体或在干什么；眼睛才是灵魂的窗子，至于外在活动只是从属的和次要的。这种追求人的"气韵"和"风神"的美学趣味和标准，不正与前述《世说新语》中人物品评完全一致么？不正与魏晋玄学对思辨智慧的要求完全一致么？它们共同体现了这个时代的精神——魏晋风度。

与造型艺术的"气韵生动"、"以形写神"相当，语言艺术中的"言不尽意"具有同样意义。这个哲学中的唯心论命题，在文学的审美规律的把握上，却具有正确和深刻的内涵。所谓"言不尽意"，就是说必须表达出不是概念性的言词所能穷尽传达的东西。它本来是讲哲学玄理的。所谓"尽意莫若象，尽象莫若言"；"言者所以明象，得象而忘言；象者所以存意，得意而忘象"（王弼：《周易略例》）。言词和形象都是可穷尽的传达工具，重要的是通过这些工具去把握领悟那不可穷尽的无限本体、玄理、深意，这也就是上述的"穷理尽性，事绝言象"。可见，正如"以形写神"、"气韵生动"一样，这里的美学含义仍在于，要求通过有限的可穷尽的外在的言语形象，传达出、表现出某种无限的、不可穷尽的、常人不可得不能至的"圣人"的内在神情，亦即通过同于常人的五情哀乐去表达出那超乎常人的神明茂如。反过来，也可说是，要求树立一种表现为静（性、本体）的具有无限可能性的人格理想，其中蕴涵着动的（情、现象、功能）多样现实性。后来这种理想就以佛像雕塑作为最合适的艺术形式表现出来了（见下章）。"言不尽意"、"气韵生动"、"以形写神"是当时确立而影响久远的中国艺术—美学原则。它们的出现离不开人的觉醒的这个主题，是这个"人的主题"的具体审美表现。

（※节选自《美的历程》，1981 年）

20 ｜ 青春、李白

　　唐代历史揭开了中国古代最为灿烂夺目的篇章。结束了数百年的分裂和内战，在从中原到塞北普遍施行均田制的基础上，李唐帝国在政治、财政、军事上都非常强盛。并且，随着经济的发展，南北朝那种农奴式的人身依附逐渐松弛，经由中唐走向消失。与此相应，出现了一系列新的情况和因素。"山东之人质，故尚婚娅"，"江左之人文，故尚人物"，"关中之人雄，故尚冠冕"，"代北之人武，故尚贵戚"（《新唐书·柳冲传》）。以杨隋和李唐为首的关中门阀取得了全国政权，使得"重冠冕"（官阶爵禄）压倒了"重婚娅"（强调婚姻关系的汉魏北朝旧门阀）、"重人物"（东晋南朝门阀以风格品评标榜相尚）、"重贵戚"（入主中原的原少数民族血缘关系）等更典型的传统势力和观念。"仕"与"婚"同成为有唐一代士人的两大重要课题，某种"告身"实即官阶爵禄在日益替代阀阅身份，成为唐代社会视为最高荣誉所在。社会风尚在逐渐变化。

　　这与社会政治上实际力量的消长联在一起，名气极大的南朝大门阀势力如王、谢，在齐梁即已腐朽没落；顽固的北朝大门阀势力如崔、卢，一开始在初唐就被皇室压制。以皇室为中心的关中门阀，又接着被武则天所着意打击摧残。与此相映对的是，非门阀士族即世俗地主阶级的势力在上升和扩大。如果说，李世民昭陵陪葬墓的大墓群中，被赐姓李的功臣占居了比真正皇族还要显赫的位置规模，预告了活人世界将有重大变化的话；那么，紧接着高宗、武后大搞"南选"，确立科举，大批不用赐姓的进士们，由考试而做官，参预和掌握各级政权，就在现实秩序中突破了门阀世胄的垄断。不必再像数百年前左思无可奈何地慨叹，"郁郁涧底松，离离山上苗，以彼径寸茎，荫此百尺条"。一条充满希望前景的新道路在向更广大的知识分子开放，等待着他们去开拓。

这条道路首先似乎是边塞军功。"宁为百夫长，胜作一书生。"（杨炯诗）从高门到寒士，从上层到市井，在初唐东征西讨、大破突厥、战败吐蕃、招安回纥的"天可汗"（太宗）时代里，一种为国立功的荣誉感和英雄主义弥漫在社会氛围中。文人也出入边塞，习武知兵。初、盛唐的著名诗人们很少没有亲历过大漠苦寒、兵刀弓马的生涯。与欧洲文艺复兴时代的文武全才、生活浪漫的巨人们相似，直到玄宗时的李白，依然是"白，陇西布衣，流落楚汉，十五好剑术，遍于诸侯，三十成文章，历抵卿相。"（《上韩荆州书》）一副强横乱闯甚至带点无赖气的豪迈风度，仍跃然纸上，这决不是宋代以后那种文弱书生或谦谦君子。

对外是开疆拓土，军威四震，国内则是相对的安全和统一。一方面，南北文化交流融合，使汉魏旧学（北朝）与齐梁新声（南朝）相互取长补短，推陈出新；另方面，中外贸易交通发达，"丝绸之路"引进来的不只是"胡商"会集，而且也带来了异国的礼俗、服装、音乐、美术以至各种宗教。"胡酒"、"胡姬"、"胡帽"、"胡乐"……，是盛极一时的长安风尚。这是空前的古今中外的大交流大融合。无所畏惧无所顾忌地引进和吸取，无所束缚无所留恋地创造和革新，打破框框，突破传统，这就是产生文艺上所谓"盛唐之音"的社会氛围和思想基础。如果说，西汉是宫廷皇室的艺术，以铺张陈述人的外在活动和对环境的征服为特征（见第四章），魏晋六朝是门阀贵族的艺术，以转向人的内心、性格和思辨为特征（第五章），那么唐代也许恰似这两者统一的向上一环：既不纯是外在事物、人物活动的夸张描绘，也不只是内在心灵、思辨、哲理的追求，而是对有血有肉的人间现实的肯定和感受，憧憬和执着。一种丰满的、具有青春活力的热情和想像，渗透在盛唐文艺之中。即使是享乐、颓丧、忧郁、悲伤，也仍然闪烁着青春、自由和欢乐。这就是盛唐艺术，它的典型代表，就是唐诗。

昔人论唐宋诗区别者，夥矣。自《沧浪诗话》提出"本朝人尚理，唐人尚意兴"，诗分唐宋，唐又分初盛中晚以来，赞成者反对者争辩不休。今人钱锺书教授《谈艺录》曾概述各种论断，而认为，"诗分唐宋乃风格性分之殊，非朝代之别"，指出"唐诗多以丰神情韵擅长，宋诗多以筋骨思想见胜，……非曰唐诗必出唐人，宋诗必出宋人也"；"夫人禀性，各有偏至，发为声诗，高明者进唐，沈潜者进宋"；"一生之中，少年才气发扬，遂为唐体，晚节思虑深沉，乃染宋调。"这说法是有道理的，唐宋诗确乎是两种风貌与不同性格，包括唐宋在内的历代诗人都可以各有所偏各有所好，不仅唐人可以有宋调，宋人可以发唐音，而且有时也很难严格区划。但是，这两种风格、性貌所以分称唐宋两体，不又正由于它们各是自己时代的产儿吗？"风格性分之殊"，其基础仍在于社会时代之别。少喜唐音，老趋宋调，这种个人心绪爱好随时间迁移的变异，倒恰好象征式地复现着中国后期封建社会和它的主角世俗地主知识分子由少壮而衰老，由朝气蓬勃、纵情生活到满足颓唐、退避现实的历史行程。唐诗之初盛中晚，又恰好形象地展现了这一行程中的若干重要环节和情景。

闻一多关于唐诗的论文久未为文学史著作所重视或采用。其实这位诗人兼学者相当敏锐地述说了由六朝宫体到初唐的过渡。其中提出卢照邻的"生龙活虎般腾踔的节奏"，骆宾王"那一气到底而又缠绵往复的旋律之中，有着欣欣向荣的情绪"（闻一多：《唐诗杂论·宫体诗的自赎》），指出"宫体诗在卢、骆手里是由宫廷走向市井，五律到王杨的时代是从台阁移至江山与塞漠"（闻一多：《唐诗杂论·四杰》）。诗歌随时代的变迁，由宫廷走向生活，六朝宫女的靡靡之音变而为青春少年的清新歌唱。代表这种清新歌唱成为初唐最高典型的，正是闻一多强调的刘希夷和张若虚：

洛阳城东桃李花，飞来飞去落谁家；洛阳女儿好颜色，坐见落花长叹息。今年花落颜色改，明年花开复谁在？已见松柏摧为薪，更闻桑田变成海。古人无复洛城东，今人还对落花风，年年岁岁花相似，岁岁年年人不同……（《代悲白头翁》）

春江潮水连海平，海上明月共潮生。滟滟随波千万里，何处春江无月明。江流宛转绕芳甸，月照花林皆似霰。空里流霜不觉飞，汀上白沙看不见。江天一色无纤尘，皎皎空中孤月轮。江畔何人初见月，江月何年初照人？人生代代无穷已，江月年年只相似。不知江月待何人，但见长江送流水。白云一片去悠悠，青枫浦上不胜愁。谁家今夜扁舟子，何处相思明月楼……（《春江花月夜》）

多么漂亮、流畅、优美、轻快哟！特别是后者，闻一多再三赞不绝口："更夐绝的宇宙意识！一个更深沉更寥廓更宁静的境界！在神奇的永恒前面，作者只有错愕，没有憧憬，没有悲伤。""他得到的仿佛是一个更神秘的更渊默的微笑，他更迷惘了，然而也满足了。""这里一番神秘而又亲切的，如梦境的晤谈，有的是强烈的宇宙意识。""这是诗中的诗，顶峰上的顶峰。"（闻一多：《唐诗杂论·宫体诗的自赎》）

其实，这诗是有憧憬和悲伤的。但它是一种少年时代的憧憬和悲伤，一种"独上高楼，望断天涯路"的憧憬和悲伤。所以，尽管悲伤，仍感轻快，虽然叹息，总是轻盈。它上与魏晋时代人命如草的沉重哀歌，下与杜甫式的饱经苦难的现实悲痛，都决然不同。它显示的是，少年时代在初次人生展望中所感到的那种轻烟般的莫名惆怅和哀愁。春花春月，流水悠悠，面对无穷宇宙，深切感受到的是自己青春的短促和生命的有限。它是走向成熟期的青少年时代对人生、宇宙的初醒觉的"自我意识"：对广大世界、自然美景和自身存在的深切感受和珍视，对自身存在的有限性的无可奈何的感伤、惆怅和留恋。人在十六七或十七八岁，在似成熟而未成熟，将跨进独立的生活程途的时刻，不也常常经历过这种对宇宙无垠、人生有限的觉醒式的淡淡哀伤么？它实际并没有真正沉重的现实内容，它的美学风格和给人的审美感受，是尽管口说感伤却"少年不识愁滋味"，依然是一语百媚，轻快甜蜜的。永恒的江山、无垠的风月给这些诗人们的，是一种少年式的人生哲理和夹着感伤、怅惘的激励和欢愉。你看，"人生代代无穷已，江月年年只相似。不知江月待何人，但见长江送流水"；你看，"年年岁岁花相似，岁岁年年人不同"；这里似乎有某种奇异的哲理，某种人生的感伤，然而它仍然是那样快慰轻扬、光昌流利……。闻一多形容为"神秘"、"迷惘"、"宇宙意识"等等，其实就是说的这种审美心理和艺术意境。

张若虚《春江花月夜》是初唐的顶峰，经由以王勃为典型代表的"四杰"就要向更高的盛唐峰巅攀登了。于是，尚未涉世的这种少年空灵的感伤，化而为壮志满怀要求建功立业的具体歌唱：

> ……海内存知己，天涯若比邻。无为在歧路，儿女共沾巾。
（王勃）

> 朝闻游子唱骊歌，昨夜微霜初渡河。……莫见长安行乐处，空令岁月易蹉跎。（李颀）

这不正是在上述那种少年感伤之后的奋发勉励么？它更实在，更成熟，开始真正走向社会生活和现实世间。一个人在度过了十六七岁的人生感伤期之后，也经常是成熟地具体地行动起来：及时努力，莫负年华，立业建功，此其时也。"四杰"之后，迎来了现实生活的五彩缤纷，展现了盛唐之音的鲜花怒放，它首先是由陈子昂著名的四句诗喊出来：

> 前不见古人，后不见来者，念天地之悠悠，独怆然而涕下。
（《登幽州台歌》）

陈子昂写这首诗的时候是满腹牢骚、一腔愤慨的，但它所表达的却是开创者的高蹈胸怀，一种积极进取、得风气先的伟大孤独感。它豪壮而并不悲痛。同样，像孟浩然的《春晓》：

> 春眠不觉晓，处处闻啼鸟；夜来风雨声，花落知多少。

尽管伤春惜花，但所展现的，仍然是一幅愉快美丽的春晨图画，它清新活泼而并不低沉哀惋。这就是盛唐之音。此外如：

> 千里黄云白日曛，北风吹雁雪纷纷；莫愁前路无知己，天下谁人不识君。（高适）

> 葡萄美酒夜光杯，欲饮琵琶马上催，醉卧沙场君莫笑，古来征战几人回。（王翰）

豪迈，勇敢，一往无前！即使是艰苦战争，也壮丽无比；即使是出征、远戍，也爽朗明快：

> 秦时明月汉时关，万里长征人未还，但使龙城飞将在，不教胡马度阴山。（王昌龄）

> 黄河远上白云间，一片孤城万仞山，羌笛何须怨杨柳，春风不度玉门关。（王之涣）

> 北风卷地白草折，胡天八月即飞雪；忽如一夜春风来，千树万树梨花开。……（岑参）

个人、民族、阶级、国家在欣欣向荣的上升阶段的社会氛围中，盛极一时的边塞诗是构成盛唐之音的一个基本的内容和方面，它在中国诗史上确乎是前无古人的。就拿中唐李益著名的边塞诗来比，如"回乐峰前沙似雪，受降城外月如霜，不知何处吹芦管，一夜征人尽望乡"，"天山雪后海风寒，横笛偏吹行路难，碛里征人三十万，一时回首月中看。"同样题材、主题和风格，它们极近盛唐，然如仔细品味，其中毕竟微增秋厉，不似盛唐快畅了，更不用比"浊酒一杯家万里，燕然未勒归无计，羌管悠悠霜满地"（宋代范仲淹）之类的凄厉。题材主题基本相同，风格也似乎差别不大，但艺术作品和审美敏感仍然展现了各不相同的时代特征。

江山如此多娇！壮丽动荡的一面为边塞诗派占有，优美宁静的一面则由所谓田园诗派写出。像上面孟浩然的《春晓》是如此，特别是王维的辋川名句：

人闲桂花落，夜静春山空，月出惊山鸟，时鸣春涧中。

木末芙蓉花，山中发红萼，涧户寂无人，纷纷开且落。

忠实、客观、简洁，如此天衣无缝而有哲理深意，如此幽静之极却又生趣盎然，写自然如此之美，在古今中外所有诗作中，恐怕也数一数二。它优美、明朗、健康，同样是典型的盛唐之音。如果拿晚唐杜牧的名句来比，例如"青山隐隐水迢迢，秋尽江南草木凋；二十四桥明月夜，玉人何处教吹箫"。"斯人清唱何人和，草径苔芜不可寻；一夕小敷山下梦，水如环珮月如襟。"也极其空灵美丽，非常接近盛唐，然而毕竟更柔婉清秀，没有那种阔大气质了。

盛唐之音在诗歌上的顶峰当然应推李白，无论从内容或形式，都如此。因为这里不只是一般的青春、边塞、江山、美景，而是笑傲王侯，蔑视世俗，不满现实，指斥人生，饮酒赋诗，纵情欢乐。"天子呼来不上船，自称臣是酒中仙"以及国舅磨墨、力士脱靴的传说故事，都更深刻地反映着前述那整个一代初露头角的知识分子的情感、要求和向往：他们要求突破各种传统约束羁勒；他们渴望建功立业，猎取功名富贵，进入社会上层；他们抱负满怀，纵情欢乐，傲岸不驯，恣意反抗。而所有这些，又恰恰只有当他们这个阶级在走上坡路，整个社会处于欣欣向荣并无束缚的历史时期中才可能存在。

君不见，黄河之水天上来，奔流到海不复回！君不见，高堂明镜悲白发，朝如青丝暮成雪！人生得意须尽欢，莫使金樽空对月……

……与君论心握君手，荣辱于余亦何有！孔圣犹闻伤凤麟，董龙更是何鸡狗！一生傲岸苦不谐，恩疏媒劳志多乖；严陵高揖汉天子，何必长剑拄颐事玉阶！

弃我去者昨日之日不可留，乱我心者今日之日多烦忧。……抽刀断水水更流，举杯消愁愁更愁，人生在世不称意，明朝散发弄扁舟。

……头陀云月多僧气，山水何尝称人意，不能鸣笳按鼓戏沧流，呼取江南儿女歌棹讴。我且为君捶碎黄鹤楼，君亦为吾倒却鹦鹉洲，赤壁争雄如梦里，且须歌舞宽离忧。

兰陵美酒郁金香，玉椀盛来琥珀光。但使主人能醉客，不知何处是他乡。

朝辞白帝彩云间，千里江陵一日还，两岸猿声啼不住，轻舟已过万重山。

盛唐艺术在这里奏出了最强音。痛快淋漓，天才极致，似乎没有任何约束，似乎毫无规范可循，一切都是冲口而出，随意创造，却都是这样的美妙奇异、层出不穷和不可思议。这是不可预计的情感抒发，不可模仿的节奏音调……。龚自珍说："庄屈实二，不可以并，并之以为心，自白始。"（《最录李白集》）尽管时代的原因使李白缺乏庄周的思辨力量和屈原的深沉感情，但庄的飘逸和屈的瑰丽，在李白的天才作品中确已合而为一，达到了中国古代浪漫文学交响音诗的极峰。

然而，这个极峰，与文学上许多浪漫主义峰巅一样，它只是一个相当短促的时期，很快就转入另一个比较持续的现实典范阶段。那就是以杜甫为"诗圣"的另一种盛唐，其实那已不是盛唐之音了。

（※节选自《美的历程》，1981 年）

21 | 杜诗颜字韩文

　　盛唐之音本是一个相当含糊的概念。拿诗来说，李白与杜甫都称盛唐，但两种美完全不同。拿书来说，张旭和颜真卿都称盛唐，但也是两种不同的美。从时间说，杜甫、颜真卿的艺术成熟期和著名代表作品都在安史之乱后；从风貌说，他们也不同前人，另开新路。这两种"盛唐"在美学上具有大不相同的意义和价值。如果说，以李白、张旭等人为代表的"盛唐"，是对旧的社会规范和美学标准的冲决和突破，其艺术特征是内容溢出形式，不受形式的任何束缚拘限，是一种还没有确定形式、无可仿效的天才抒发；那么，以杜甫、颜真卿等人为代表的"盛唐"，则恰恰是对新的艺术规范、美学标准的确定和建立，其特征是讲求形式，要求形式与内容的严格结合和统一，以树立可供学习和仿效的格式和范本。如果说，前者更突出反映新兴世俗地主知识分子的"破旧"、"冲决形式"；那么，后者突出的则是他们的"立新"、"建立形式"。"江山代有才人出，各领风骚数百年"，杜诗、颜字，加上韩愈的文章，却不止领了数百年的风骚，它们几乎为千年的后期封建社会奠定了标准，树立了楷模，形成为正统。他们对后代社会和艺术的密切关系和影响，比前者（李白、张旭）远为巨大。杜诗、颜字、韩文是影响深远，至今犹然的艺术规范。这如同魏晋时期曹植的诗，二王的字以及由汉赋变来的骈文，成为前期封建社会的楷模典范，作为正统，一直影响到晚唐北宋一样。曹、王、骈体、人物画与杜诗、颜字、古文、山水画是中国封建社会在文艺领域内的两种显然有异的审美风尚、艺术趣味和正统规范。

苏轼认为杜诗颜字韩文是"集大成者"。又说，"故诗至于杜子美，文至于韩退之，书至于颜鲁公，画至于吴道子，而古今之变天下之能事毕矣"。（《东坡题跋》）这数人中，以韩时代为晚，与盛唐在时间上几乎不大沾边（如按高棅的划法，也仍可属盛唐），但具体的历史充满各种偶然，包括个人才能的偶然，从来不可能像理论逻辑那样整齐。盛唐已有韩文的先行者，只是不够出色罢了，这就足以证明韩文作为一种时代要求将必然出现。所以，如果抛开个性不论，就历史总体和精神实质看，韩文不但可以、而且应该与杜诗、颜字并列，看作是体现了同一种时代精神和美的理想。至于吴画，真迹不传，从"吴带当风"的著名概括，和《送子天王图》之类的传世摹本以及东坡称吴画"出新意于法度之中，寄妙理于豪放之外"看，理法革新具体表现为线条超越，可能是影响后世甚大的基本要素。像体现这个特色的元代永乐宫壁画和《八十七神仙卷》，都是以极为回旋曲折驰骋飞扬的墨线，表达出异常流畅庄严的行走动态和承贯连接生机旺盛的气势。它们突出的正是一种规范化了的音乐性的美（不同于盛唐书法的未经规范），一直影响整个后代绘画艺术——特别是山水花鸟的笔墨趣味千年之久。然而吴道子的原作毕竟是看不见了，只好存而不论。于是，只剩下杜诗颜字和韩文了。"曾闻碧海掣鲸鱼，神力苍茫运太虚。间气古今三鼎足，杜诗韩笔与颜书。"（马宗霍《书林藻鉴》引王文治论书绝句）

那么，这些产生于盛（唐）中（唐）之交的封建后期的艺术典范又有些什么共同特征呢？

它们一个共同特征是，把盛唐那种雄豪壮伟的气势情绪纳入规范，即严格地收纳凝练在一定形式、规格、律令中。从而，不再是可能而不可习、可至而不可学的天才美，而成为人人可学而至、可习而能的人工美了。但又保留了前者那磅礴的气概和情势，只是加上了一种形式上的严密约束和严格规范。这也就是后人所说的"少陵诗法如孙吴，李白诗法如李广"。（严羽：《沧浪诗话》）"李、杜二家，其才本无优劣，但工部体裁明密，有法可寻；青莲兴会标举，非学可至。"（胡应麟：《诗薮》）"文字之规矩绳墨，自唐宋而下所谓抑扬开阖起伏呼照之法，晋汉以上绝无所闻，而韩、柳、欧、苏诸大家设之，……故自上古之文至此而别为一界。"（罗万藻：《此观堂集·代人作韩临之制艺序》）等等。李广用兵如神，却无兵法；孙、吴则是有兵法可遵循的。李白、张旭等人属于无法可循的一类，杜诗、韩文、颜字属于有法可依的一类。后者提供了后世人们长久学习、遵循、模拟、仿效的美的范本。

从而，美的整个风貌就大不一样了。那种神龙见首不见尾的不可捉摸，那种超群轶伦、高华雅逸的贵族气派，让位于更为平易近人、更为通俗易懂、更为工整规矩的世俗风度。它确乎更大众化，更易普遍接受，更受广泛欢迎。人人都可以在他们所开创建立的规矩方圆之中去寻求美、开拓美和创造美。拿颜字说吧，颜以楷书最为标准，它"稳实而利民用"（包世臣：《艺舟双楫·历下笔谈》），本就吸取了当时民间抄写书法，日后终于成为宋代印刷体的张本，它与盛唐狂草当然很不一样，对照传统之崇二王，"颜公变法出新意"（苏轼），更是另一种风度境界了。左右基本对称，出之以正面形象，浑厚刚健，方正庄严，齐整大度，"元气浑然，不复以姿媚为念"（阮元）的颜书，不更胜过字形微侧、左肩倾斜、灵巧潇洒、优雅柔媚、婀娜多姿的二王书以及它的初唐摹本吗？正是在这种新的审美标准和观念下，"羲之俗书逞姿媚"（韩愈），"逸少草有女郎材，无丈夫气，不足贵也"（张怀瓘）、"一洗二王恶札体，照耀皇宋万古"（米芾），"欧虞褚陆，真奴书耳"，等等说法、观点便不断涌现。范文澜说得好："宋人之师颜真卿，如同初唐人之师王羲之。杜甫诗'书贵瘦硬方通神'，这是颜书行世之前的旧标准；苏轼诗'杜陵评书贵瘦硬，此论未公吾不凭'，这是颜书风行之后的新标准。"（范文澜：《中国通史简编》第三编第二册第749页）这里不正是两种审美趣味和艺术标准吗？像颜的《颜氏家庙碑》，刚中含柔，方中有圆，直中有曲，确乎达到美的某种极致，却仍通俗易学，人人都可模仿练习。韩文的情况也类似：

"文从字顺"，对比从六朝到五代作为文坛正统的骈体四六，其口语的通俗性可学性极为突出。所谓"文起八代之衰"、"韩子之文如长江大河"，其真实含义也在这里。韩文终于成为宋代以来散文的最大先驱。"唐自贞观以后，文士皆沿六朝之体，经开元天宝诗格大变，而文格犹袭旧规，元结与（独孤）及始奋起湔除，萧颖士、李华左右之，其后韩柳继起，唐之古文遂蔚然极盛。"（《四库全书总目·毗陵集》）这也说明以韩愈为代表的古文是与六朝"旧规"相对立的一种新的文体规范。杜诗就更不用说了。早如人们所指出，李白是"放浪纵恣，摆去拘束"，而杜甫则"铺陈终始，排比声韵"（元稹），"独唐杜工部如周公制作，后世莫能拟议"（敖器之语，引自朱东润《中国文学批评史大纲》），"学诗当以子美为师，有规矩，故可学"（《后山诗话》）。"盛唐句法浑涵，如两汉之诗，不可以一字求；至老杜而后，句中有奇字为眼，才有此句法。""参其格调，实与盛唐大别，其能会萃前人在此，滥觞后世亦在此。"（胡应麟：《诗薮》）这些都从各种角度说明了杜诗作为规范、楷模的地位。从此之后，学杜几乎成为诗人们必经之途。炼字锻句，刻意求工，在每一句每一字上反复推敲，下足功夫，以寻觅和创造美的意境。"二句三年得，一吟双泪流"，"一联如称意，万事总忘忧"。这些，当然就是李白等人所不知道也不愿知道的了。直到今天，由杜甫应用、表现得最为得心应手、最为成功的七律形式，不仍然是人们所最爱运用、最常运用的诗体么？就在七言八句五十六字这种似乎颇为有限的音韵、对仗等严整规范中，人人不都可以创作出变化无穷、花样不尽的新词丽句么？"近体之难，莫难于七言律。五十六字之中，意若贯珠，言如合璧。其贯珠也，如夜光走盘，而不失回旋曲折之妙。其合璧也，如玉匣有盖，而绝无参差扭捏之痕。綦组锦绣相鲜以为色，宫商角徵互合以成声，思欲深厚有余而不可失之晦，情欲缠绵不迫而不可失之流……。庄严则清庙明堂，沉着则万钧九鼎，高华则朗月繁星，雄大则泰山乔岳，圆畅则流水行云，变幻则凄风急雨。一篇之中，必数者兼备，乃称全美。故名流哲士，自古难之。"（胡震亨：《唐音癸签》）这当然有点说得太玄太高了。但七律这种形式所以为人们所爱用，也正在于它有规范而又自由，重法度却仍灵活，严整的对仗增加了审美因素，确定的句形却包含了多种风格的发展变化。杜甫把这种形式运用得熟练自如，十全十美。他的那许多著名七律和其他体裁的诗句一直成为后人倾倒、仿效、学习的范本：

> 风急天高猿啸哀，渚清沙白鸟飞回。无边落木萧萧下，不尽长江滚滚来。万里悲秋常作客，百年多病独登台。艰难苦恨繁霜鬓，潦倒新停浊酒杯。

> 岁暮阴阳催短景，天涯霜雪霁寒宵。五更鼓角声悲壮，三峡星河影动摇。野哭几家闻战伐，夷歌数处起渔樵。卧龙跃马终黄土，人事音书漫寂寥。

沉郁顿挫，深刻悲壮、磅礴气势却严格规范在工整的韵律对仗之中。它们与我们前面引的李白诗，不确是两种风度、两种意境、两种格调、两种形式么？从审美性质说，如前所指出，前者是没有规范的天才美，自然美，不事雕琢；后者是严格规范的人工美，世间美，字斟句酌。但是要注意的是，这种规范斟酌并不是齐梁时代那种四声八韵外形式的追求。纯形式的苛求是六朝门阀士族的文艺末流。这里则是与内容紧密联系在一起的规范。这种形式的规范要求恰好是思想、政治要求的艺术表现，它基本是在继六朝隋唐佛道相对优势之后，儒家又将重占上风再定一尊的预告。杜、颜、韩都是儒家思想的崇奉者或提倡者。杜甫的"致君尧舜上，再使风俗淳"忠君爱国的伦理政治观点，韩愈的"博爱之谓仁，行而宜之之谓义，由是而之焉之谓道"（《原道》）的半哲理的儒家信念，颜真卿的"忠义之节，明若日月而坚若金石"（《六一题跋》）的卓越人格，都表明这些艺术巨匠们所创建树立的美学规范是兼内容和形式两方面在内的。跟魏晋六朝以来与神仙佛学观念关系密切，并常以之作为哲理基础的前期封建艺术不同，以杜、颜、韩为开路先锋的后期封建艺术是以儒家学说为其哲理基础的。尽管这种学说不断逐渐失去其实际支配力量（见下章），但终封建后世，它总是与上述美学规范缠在一起，作为这种规范的道义伦理要求而出现。这也是为什么后代文人总强调要用儒家的忠君爱国之类的伦常道德来品赏、评论、解释杜、颜、韩的缘故。

一个很有意思的情况是，杜、颜、韩的真正流行和奉为正宗，其地位之确立不移，并不在唐，而是在宋。有唐一代直至五代，骈体始终占居统治地位，其中也不乏名家如陆宣公的奏议、李商隐的四六等等，韩、柳散文并不流行。同样，当时杜诗声名也不及元、白，甚至恐不如温、李。韩、杜都是在北宋经欧阳修（尊韩）、王安石（奉杜）等人的极力鼓吹下，才突出起来。颜书虽中唐已受重视，但其独一无二地位之巩固确定，也仍在宋代苏、黄、米、蔡四大书派学颜之后。这一切似乎如此巧合，却非纯为偶然。它从美学这一角度清晰地反映了当时社会基础和上层建筑的变化。新兴的士大夫们由初（唐）入盛（唐）而崛起，经中（唐）到晚（唐）而巩固，到北宋，则在经济、政治、法律、文化各方面取得了全面统治。杜诗颜字韩文取得统治地位的时日，正好是与这一行程吻合一致的。如开头所说，世俗地主（即庶族、非身份性地主，相对于僧侣地主和门阀地主）阶级比六朝门阀士族，具有远为广泛的社会基础和众多人数。它不是少数几个世袭的门第阀阅之家，而是四面八方散在各个地区的大小地主。他们欢迎和接受这种更为通俗性的规范的美，是完全可以理解的。虽然这一切并不一定是那么有意识和自觉，然而，历史的必然经常总是通过个体的非自觉的活动来展现。文化史并不例外。

新兴的这些文艺巨匠（以杜、韩、颜为代表）为后世立下了美的规范，正如比他们时间略先的那一批巨匠（以李白为代表）为后世突破了传统一样。这两派人共同具有那种元气淋漓的力量和势概，"盛唐诸公之诗，如颜鲁公书，既笔力雄壮，又气象浑厚。"（《沧浪诗话》）所以，它们既大体同产于盛唐之时，而被共视为"盛唐之音"，就理所自然。虽然依我看来，真正的盛唐之音只是前者，而非后者。因此，如果都要说盛唐，那就应该是两种"盛唐"，它们是两种不同的"有意味的形式"，各自保有、积淀着不同的社会时代内容，从而各有风貌特征，各有审美价值，各有社会意义。仔细分辨它们，揭出它们各自的美学本质，说清历来纠缠不清混淆未别的问题，无论对欣赏、品评和理解这些艺术，都应该说是有意义的。

（※节选自《美的历程》，1981 年）

22 | 从感伤文学到《红楼梦》

　　作为近代社会新因素的下层市民文艺和上层浪漫思潮，在明末发展到极致后，遭受了本不应有的挫折。历史的行程远非直线，而略一弯曲却可以是百十年。李自成的失败带来了满清帝国的建立，落后的少数民族总是更易接受和强制推行保守、反动的经济、政治、文化政策。资本主义因素在清初被全面打了下去，在那几位所谓"雄才大略"的君主的漫长统治时期，巩固传统小农经济、压抑商品生产、全面闭关自守的儒家正统理论，成了明确的国家指导思想。从社会氛围、思想状貌、观念心理到文艺各个领域，都相当清楚地反射出这种倒退性的严重变易。与明代那种突破传统的解放潮流相反，清代盛极一时的是全面的复古主义、禁欲主义、伪古典主义。从文体到内容，从题材到主题，都如此。作为明代新文艺思潮基础的市民文艺不但再没发展，而且还突然萎缩，上层浪漫主义则一变而为感伤文学。《桃花扇》、《长生殿》和《聊斋志异》则是这一变易的重要杰作。

　　从文学角度看，《桃花扇》在构造剧情、安排场景、塑造人物、反映生活的深广度方面，以及在文学语言上，都达到极高水平。虽以男女主人翁的爱情故事为线索，它的主要内容和意义明显并不在此。沉浸在整个剧本中的，是一种极为浓厚的家国兴亡的悲痛感伤。所以在当时演出时，就有"笙歌靡丽之中，或有掩袂独坐者，则故臣遗老也；灯炝酒阑，唏嘘而散"（《桃花扇本末》）的记述。但它又并不停留在家国悲痛中，而是通过一姓的兴衰、朝代的改易，透露出对整个人生的空幻之感。这种人生空幻感，我们并不陌生，在第八章讲苏轼时便已强调说明过。但后来或由于抵抗少数民族的入侵（如南宋的陆游、辛弃疾），或由于处于展望春天到来的憧憬时代（如上述的明代浪漫思潮），它们没有得到充分发展。只有当历史发展受到严重挫折，或处于本已看到的希望顷刻破灭的时期，例如在元代和清初，这种人生空幻感由于有了巨大而实在的社会内容（民族的失败、家国的毁灭），而获得真正深刻的价值和沉重的意义。《桃花扇》便是这种文艺的标本。作为全剧结尾的一套哀江南是它的主题所在：

[哀江南]［北新水令］山松野草带花桃，猛抬头，秣陵重到。残军留废垒，瘦马卧空壕；村郭萧条，城对着夕阳道。

[驻马听]野火频烧，护墓长楸多半焦；山羊群跑，守陵阿监几时逃？鸽翎蝠粪满堂抛，枯枝败叶当阶罩；谁祭扫？牧儿打碎龙碑帽。

……

[沽美酒]你记得跨青溪半里桥，旧红板没一条。秋水长天人过少，冷清清的落照。剩一树柳弯腰。

[太平令]行到那旧院门，何用轻敲，也不怕小犬哞哞。无非是枯井颓巢，不过些砖苔砌草。手种的花条柳梢，尽意儿采樵。这黑灰，是谁家厨灶？

[离亭宴带歇指煞]俺曾见金陵玉殿莺啼晓，秦淮水榭花开早，谁知道容易冰消。眼看他起朱楼，眼看他宴宾客，眼看他楼塌了。这青苔碧瓦堆，俺曾睡风流觉，将五十年兴亡看饱。那乌衣巷不姓王，莫愁湖鬼夜哭，凤凰台栖枭鸟。残山梦最真，旧境丢难掉，不信这舆图换稿。诌一套哀江南，放悲声，唱到老。

这固然是家国大恨，也正是人生悲伤。沧海桑田，如同幻梦；朱楼玉宇，瓦砾颓场。前景何在？人生的意义和目标是什么？一切都是没有答案的渺茫，也不可能找到答案。于是最后归结于隐逸渔樵，寄托于山水花鸟……。

与《桃花扇》基本同时的《长生殿》的秘密，也在这里。关于《长生殿》的主题，一直有分歧和争议。例如杨、李爱情说，家国兴亡说，反清意识说等等。其实，这些都不是《长》剧客观主题所在。《长生殿》的基本情调，它给予人们的审美效果，仍然是上述那种人生空幻感。尽管外表不一定有意识地要把它凸现出来，但它作为一种客观思潮和时代情感，相当深厚地渗透在剧本之中，成为它的基本音调。

很有意思的是，这种人生空幻的时代感伤，甚至也可以出现在纳兰词里。就纳兰词的作者本人说，皇室近亲，贵胄公子，少年得志，世代荣华，身为满人，不应有什么家国哀、人生恨，然而其作品却是极其哀怨沉痛的：

……风一更，雪一更，聒碎乡心梦不成，故园无此声。

……归梦隔狼河，又被河声搅碎；还睡还睡，解道醒来无味。

谁翻乐府凄凉曲，风也萧萧，雨也萧萧，瘦尽灯花又一宵；不知何事萦怀抱，睡也无聊，醉也无聊，梦也何曾到谢桥。

将愁不去，秋色行难住，六曲屏山深院宇，日日风风雨雨；雨余篱菊初香，人言此日重阳，回首凉云暮叶，黄昏无限思量。

北宋而后，大概还没有词家达到过这种艺术境界。这种对人生、对生活的厌倦和感伤，这种百无聊赖，一切乏味的心情意绪，虽淡犹浓，似轻还重。"不知何事萦怀抱"，应该说，本没有也不会有什么痛苦忧愁，然而却总感风雨凄凉，不如还睡，是那样的抑郁、烦闷和无聊。尽管富贵荣华，也难逃沉重的厌倦和空幻。这反映的不正是由于处在一个没有斗争、没有激情、没有前景的时代和社会里，处在一个表面繁荣平静、实际开始颓唐没落的社会阶级命运中的哀伤么？"一叶落而知秋"，在得风气之先的文艺领域，敏感的先驱者们在即使繁华富足、醉生梦死的环境里，也仍然发出了无可奈何的人生空幻的悲叹。这其实也正是一种虽看不见具体内容却仍有深广含义的"有意味的形式"，内容已积淀、溶化在情感形式中了。在美学理论上，王渔洋的神韵说风靡一时，在某种意义上，也是这个时代这种潮流的侧面曲折反映。

因此，更不说归庄《万古愁》等抒情散曲了。包括蒲松龄短篇小说《聊斋志异》的美学风格，也可以放在这个感伤文学的总思潮中去考察和研究。《聊斋》是用明代市民文艺截然相反的古雅文体写成，它的特征也是与上述市民文艺的现实世俗生活相对立的幻想狐鬼故事。但值得注意的是，在曲折离奇的浪漫中却具有某种感伤意绪。有人说，《聊斋》一书，"观其寓意之言，十固八九，何其悲以深也"（《聊斋志异》跋二）。也如作者所自云："浮白载笔，仅成孤愤之书，寄托如此，亦足悲矣。"（《聊斋自志》）所悲的，主观上也许只是科场失意，功名未就，老死牖下，客观上其作品中的感伤却仍然充满了那个时代的回音。正因为人世空幻，于是寄情于狐鬼；现实只堪厌倦，遐想便多奇葩。《聊斋》中荒唐的生死狐鬼故事，已不复是《牡丹亭》的喜剧氛围，毋宁带着更多悲剧气氛。这种深刻的非自觉性的"悲以深"感伤意识，构成了聊斋浪漫故事的美丽。这不是用"愤世嫉俗"之类所能简单解释的。

此外，不同于《牡丹亭》、《西游记》那么快乐和单纯，《桃花扇》、《长生殿》和《聊斋志异》这批作为戏曲、小说的感伤文学的另一特征，是由于它们或痛定思痛或不满现实，对社会生活面作了较广泛的接触、揭露和讽刺，从而具有远为苦痛的现实历史的批判因素。这正是它们走向下一阶段批判现实主义的内在倾向。

浪漫主义、感伤主义和批判现实主义，这就是明清文艺思潮三个不同阶段，这是一条合规律性通道的全程。在第三阶段（乾隆），时代离开解放浪潮相去已远，眼前是闹哄哄而又死沉沉的封建统治的回光返照。复古主义已把一切弄得乌烟瘴气麻木不仁，明末清初的民主民族的伟大思想早成陈迹，失去理论头脑的考据成了支配人间的学问。"避席畏闻文字狱，著书都为稻粱谋"，那是多么黑暗的世界啊。像戴震这样先进的思想家也只能以考据名世，得不到人们的任何了解，他自己视为最重要的哲学著作——痛斥宋儒"以理杀人"的《孟子字义疏证》，连他儿子在编集子时也被排斥在外，视为无足轻重。那是没有曙光、长夜漫漫、终于使中国落在欧洲后面的 18 世纪的封建末世。在文艺领域，真正作为这个封建末世的总结的，要算中国文学的无上珍宝《红楼梦》了。

关于《红楼梦》，人们已经说过了千言万语，大概也还有万语千言要说，因此，本书倒不必给这个说不完道不尽的奇瑰留更多篇幅。总之，无论是爱情主题说、政治小说说、色空观念说，都似乎没有很好地把握住上述具有深刻根基的感伤主义思潮在《红楼梦》里的升华。其实，正是这种思潮使《红楼梦》带着异彩。笼罩在宝黛爱情的欢乐、元妃省亲的豪华、暗示政治变故带来巨大惨痛之上的，不正是那如轻烟如梦幻、时而又如急管繁弦似的沉重哀伤和喟叹么？因之，千言万语，却仍然是鲁迅几句话比较精粹：

> ……颓运方至，变故渐多；宝玉在繁华丰厚中，且亦屡与"无常"觌面，……悲凉之雾，遍被华林；然呼吸而领会之者，独宝玉而已。（鲁迅：《中国小说史略》）

这不正是上述人生空幻么？尽管号称"康乾盛世"，这个社会行程的回光返照毕竟经不住"内囊却也尽上来了"的内在腐朽，一切在富丽堂皇中，在笑语歌声中，在钟鸣鼎食、金玉装潢中，无声无息而不可救药地垮下来、烂下去，所能看到的正是这种种金玉其外败絮其中的糜烂、卑劣和腐朽，它的不可避免的没落败亡。严峻的批判现实主义于是成熟了。"与前一阶段市民文艺的现实主义对富贵荣华、功名利禄的渴望钦羡恰好对照，这里充满着的是对这一切来自本阶级的饱经沧桑，洞悉幽隐的强有力的否定和判决。这样，创作方法在这里达到了与外国 19 世纪资产阶级批判现实主义相媲美的辉煌高度，然而也同样带着没有出路、没有革命理想、带着浓厚的挽歌色调。"（拙著《美学论集》第388页）《儒林外史》也是这种批判现实主义的代表作。它把理想寄托在那几个儒生、隐士的苍白形象上，如同《红楼梦》只能让贾宝玉去做和尚解脱在所谓色空议论中一样，这些都正是《桃花扇》归结为渔樵的人生空幻感的延续和发展。它们充满了"梦醒了无路可走"的苦痛、悲伤和求索。但是，它们的美学价值却已不在感伤，而在对社会生活具体地描述、揭发和批判。《红楼梦》终于成了百读不厌的封建末世的百科全书。"极摹人情世态之歧，备写悲欢离合之致"，到这里达到了一个经历了正反合总体全程的最高度。与明代描写现实世俗的市民文艺截然不同，它是上层士大夫的文学，然而它所描写的世态人情、悲欢离合，却又是前者的无上升华。

（※节选自《美的历程》，1981年）

辑三　读书与治学

23 | 走我自己的路

谈起我走的道路，必须从我的母亲开始。

1930 年 6 月 13 日，我出生在汉口，但籍贯是湖南长沙。父亲是邮局高级职员，英语很好。他在我小时候便死去了。父亲死后，家境顿陷困境。做着小学教师的母亲，惨淡经营，备尝艰苦，勉强送我兄弟二人上学。当时有人说，等儿子长大，你就可以享福了。母亲回答："只问耕耘，不求收获。"至今这句话似乎还在耳边，却不幸竟成谶语。母亲也没活到四十岁就死去了。每念及"树欲静而风不止，子欲养而亲不在"，总不免泫然涕下。记得当年，为了几个臭钱受多少气，如今有钱，又有什么用？也记得当年春节，亲戚家大鱼大肉，热闹非常；而我们贫困的母子三人，冷冷清清，相依为命。鲁迅说："有谁从小康人家而坠入困顿的么，我以为在途路中，大概可以看见世人的真面目。"我初中时之所以酷爱鲁迅和冰心，大概也与自己的家境和母爱有关。鲁迅叫我冷静地、批判地、愤怒地对待世界；冰心以纯真的爱和童心的美给我以慰藉与温暖；而母亲讲的"只问耕耘"的话语和她艰苦奋斗的榜样，则教我以不求功名富贵，不怕环境困苦，一定要排除万难去追求真理的决心和意志。国外有人认为，要历史地、具体地分析一个人在学术上、文艺上的某些个性特征，应该注意到他的少年时代。我最近讲，搞美学最好具备两个方面的条件：清醒的思辨能力和比较敏锐的感受能力。我终于放弃了中学时代成绩一直很好的数理化，而搞上了美学，不知是否也应追溯到自己那个孤独的、清醒的、感伤的少年时代？

　　的确，在十四五岁的少年时代，我就带着忧伤和感慨，写过新诗和小说，模仿过艾青和艾芜，也填过"凭栏欲向东风恼，莫笑年华早"、"无言独自倚危楼，千里沉云何处放离忧"之类的词。一半可能是无病呻吟，一半也有真实性。例如，我爱上了一位表姐，却长期不能表白，她倔强、冰冷而美丽……总之，大概是情感方面的因素，使我没能去钻研那毕竟更为枯燥、单纯、严格的自然科学，至今好些人为我惋惜，包括一些老同学、老朋友，我自己搞不清是否应该惋惜，也许应该。

　　我研究哲学社会科学的另一个重要原因，并且可能是主要原因，就是时代。1945 年秋，我初中毕业后，考上了当时湖南最著名的省立一中，却因没钱入学，只好进了吃饭也有公费补助的省立第一师范。也是名学校，但当时学校充满一种复古氛围，死气沉沉。在安化桥头河上了一个学期之后，搬到长沙岳麓山左家垅山坡上。校前有两株日本人留下的樱花，暮春时节，开得极为热烈。而极目远望，湘江如白带，似与楼齐，非常好看。当时进步学生运动风起云涌，时局也日趋动荡，学校却保守到连《大公报》之类小骂大帮忙的报刊都少见。我只好每星期天过河，在城里的各家书店站上一整天，饿着肚皮贪婪地翻阅着各种杂志、报纸和书籍，这其中的主要读物就是哲学社会科学方面的新书。正是在这种大量阅读和比较中，我选择了马克思主义。所以，我的一些马列基本知识，是在书店里站着读、在课堂上偷着读得来的（我故意选择靠最后的排次，上课时我也可以偷看自己的书），有好些是"禁书"，是冒着一定的危险来读的。也许正因为这样，比被动灌输的东西印象要深得多。并且，在这种阅读中，自己逐渐培养和增强了判断是非和独立思考的能力。应该说，这对我后来的研究工作起了很大作用。我不喜欢人云亦云的东西，不喜欢空洞、繁琐的东西，比较注意书籍、文章中的新看法、新发现，比较注意科学上的争辩讨论……这恐怕都应追溯到自己那个穷困、认真、广泛阅读的青年时期。

1948 年夏，我在一师毕业后，经历了失学、失业，直到 1949 年解放前夕才当上乡村小学的教师。1950 年，以第一志愿考上北京大学哲学系。在大学时期，我生活上仍然非常穷困。当时吃饭不要钱，有时还发衣服，每月有三元生活补助费。记得我那时只能买零星活页纸，硬本没用过，甚至有时连牙膏也不用买，用盐刷牙，把那几元钱积存下来，寄给正上中学、父母双亡的堂妹。可能是因为欢乐总与我无缘，加上又得了肺结核，一些活动不能参加，便把更多的时间放在读书和写文章上了。当时我独自住在楼顶上的一间"阁楼"里读书。那间房并不是宿舍，光线极暗，白天也要开灯。1958 年出版的《康有为谭嗣同思想研究》一书，基本是那时写成的初稿。特别是当时很少有人搞资料，我利用藏书极为丰富的北大图书馆，翻阅、抄录了许多原始资料。直到 1979 年出版《中国近代思想史论》一书中的某些材料，仍利用了当年所作的卡片。有的年轻人看到我现在写文章很快，以为这是"天分"，其实我是下过笨功夫的。

　　我的经历相当简单，但生活的波折仍然不少。当时二十几岁，发表了一些有影响的文章，因而环境压力更大了，"白专"之类的非议颇多，下放劳动和工作，我在单位中大概是时间最长的一个。因此身体上、精神上所受的创伤折磨所在多有。这也许是我比较抑郁和孤独的性格一直延续下来的原因。但也有一个好处，就是学会使思想不受外来影响。我坚守自己的信念，沉默而顽固地走自己认为应该走的路。毁誉无动于衷，荣辱在所不计。自己知道自己存在的价值和意义就是了。我的《批判哲学的批判（康德述评）》一书，是在相当恶劣的条件下开始动手的。当时在干校，只准读《毛选》，连看马列也受批评，要读其他书就更困难了。只好又像回到解放前的秘密读书一样，我在行装中偷偷放了本英文版"人人丛书"本的康德的《纯粹理性批判》，不很厚，但很"经看"，阅读时上面放一本《毛选》，下面是我自己想读的书……1972 年从干校回来后，在家里我便利用干校时的笔记正式写了起来。那时我虽然深信江青等人必垮，却没想到会这么快，所以写的时候，是没想到会很快出版的。但是只要一念及

"只问耕耘"的话，我就继续干下去，决不把时间浪费在当时在知识分子中也相当流行的做沙发和木器上。1976 年发生地震，我住在"地震棚"里，条件很差，我倒感觉很充实，因为我的写作已接近尾声了。在"地震棚"里，我写完了《批判哲学的批判》一书。

当然，我在《批判哲学的批判》和《中国近代思想史论》中，好些思想远没有充分展开，许多地方只是点到一下、暗示一下而已。那两本书是在"四人帮"刚垮台和垮台不久交出去的，当时"凡是"气氛仍浓，不能多说，只好那样。现在趁此机会说明一下。因为好几位同志曾问我：为什么好些重要论点都一笔带过，语焉不详？

不过，"语焉不详"的也不只是那本书。我的美学文章，特别是《美的历程》，这种现象也很突出，但那是另一种情况，另一种原因。我的好些文章都写得相当"粗"（如《美的历程》、《美学三题议》），因为我喜欢先画出一个粗线条的轮廓，我想先有个大致的框架，以后有时间和机会再去"工笔重彩"，细细描画。"先立乎其大者，则其小者不能夺也。"我有过搞"小"的经验，愈钻愈细，不能自拔，继续下去，很可能我这一辈子就只能研究一个人、一本书、一个小问题了，这与我的兴趣、个性颇不合适，所以非常苦恼。治学之法有多途，各人宜择性之所近。一些细致的、爱好精密分析、仔细考证的同志可以做的，我做却不一定适宜（尽管我也爱看这些文章）。当然，"见木不见林"和"见林不见木"都不好，最好两者都见，但毕竟可以有所偏重。分析与综合、推理与直觉、微观与宏观、细与粗等，也如是。科学事业需要大家分工合作来搞，不是一个人所能包得下来的，所以不妨各就性之所近，发挥所长。这个看法，不知对否。

据说有人曾说我"杂"，又是中国思想史，又是外国哲学，又是美学……，我欣然接受。因为我从来不做一生治一经的"专家"。据史载，这种专家就四个字可以写上数万言，这当然很可以自炫，但我确无此本领。我倒是觉得，今天固然不可能再出现一个如亚里士多德那样的百科全书式的学者，科学分工愈来愈细。但另一方面也要看到，今天我们正处在边缘科学方兴未艾、各科知识日益沟通融合的新历史时期，自然科学如此，人文社会科学亦然。中国文史哲素来不分，这其实是个好传统。如今（至少是目前）好些中、青年同志在知识方面的主要问题，恐怕也不在于杂、多、乱，倒在狭、少、贫。而古今中外，第一流的哲学社会科学名家都几乎无一不是知识极为广博，能多方面著书立说的。取法乎上，仅得乎中，虽不能至，心向往之。我以为，一方面确乎应该提倡狭而深的专题研究和狭而深的专家学者，但另一方面也不应排斥可以有更高更大的目标，特别是对搞理论的同志来说，更加如此。我自恨太不"杂"，例如对现代自然科学知识太少，没有发言权，否则我想自己的研究工作将另是一番天地。

最后，回过头来说，我对中外哲学史和美学的研究，其目的仍是为以后的哲学研究作些准备工作。因此，已出的四本书，似乎题目很散，但也有有心的读者看出它们指向了一个共同的方向。至于这个方向究竟是什么，我想，还是暂时不说为好吧。

（选自《走我自己的路》，1981 年）

24 | 我的选择

1982 年，《文史哲》编辑部约我写篇谈治学经验的文章，推而又拖，迄今四年，仍然难却。我之所以推、拖，是因为第一，我自省确乎很少值得认真谈论的所谓"经验"；第二，关于谈经验已经写过了。《书林》杂志上就发了两篇，还有一些"访问记"之类。不过现在既已搁笔，只好硬着头皮再写一点。讲过的不再重复，下面结合自己谈谈选择问题。

在人生道路上，偶然性非常之多，经常一个偶然的机缘，便可以影响、制约、决定相当一段时期甚至整个一生的发展前途。因之，一般说来，如何在面临各种偶然性和可能性时，注意自我选择，注意使偶然性尽量组合成或接近于某种规律性、必然性（社会时代所要求或需要的必然和自我潜能、性格发展的必然），似乎是一种值得研究的问题。在学术道路上，也如此，如何选择在客观上最符合时代、社会或学科发展的需要性，同时有具体环境、条件中的可行性；在主观上又最适合自己的基础、能力、气质、志趣的方向、方法、专业和课题，而不是盲目地随大流或与各种主观条件"对着干"，便是一件并不容易而最好能自觉意识到的事情。

我的好些选择就因为吃了这种盲目性的亏而遭受损失。以后因为注意纠正、补救这盲目性而得到一点成效。

我开始着手进行研究工作是在大学一年级。现在看来，为时略嫌早一点：自己太性急了，在基础还不够宽广的时候，牺牲了许多学外文和广泛阅读的时间而钻进了小专题之中。当时正值抗美援朝捐献运动，学校支持身无分文的穷学生们以编卡片或写文章的方式来参加这个运动。记得当时我的同学和朋友赵宋光同志写了一篇讲文字改革的文章在《新建设》杂志发表了。我则努力在写关于谭嗣同哲学思想的稿子。之所以选择谭嗣同也相当偶然，由于中学时代读过一些萧一山、陈恭禄、谭丕谟等人的书，对清史有些知识，对谭嗣同这位英雄同乡的性格有些兴趣，同时又认为谭只活了三十三岁，著作很少，会比较好处理，便未经仔细考虑而决定研究他。应该说，这是相当盲目的。结果一钻进去，就发现问题大不简单，谭的思想极其矛盾、混乱、复杂，涉及古今中外一大堆问题，如佛学、理学、当时的"声光电化"等等，真是"剪不断，理还乱"，很难梳理清楚；远比研究一个虽有一大堆著作却条理清楚自成系统的思想家要艰难得多。所以我这篇讲谭嗣同思想的文章易稿五次，直到毕业之后才拿出去发表。我研究康有为是在 1952 年秋，比着手搞谭嗣同要晚，但我第一篇学术论文，却是 1955 年 2 月发表在《文史哲》上的《论康有为的〈大同书〉》，因为康的思想就比谭要系统、成熟，比较好弄一些。时隔三十年，这篇讲《大同书》的文章现在看来似乎也还可以，最近《大同书》手稿和康的早年著作的发现倒恰好印证了该文的一些基本判断。而讲谭嗣同的那篇却一直到收入 1979 年出版的《中国近代思想史论》文集中才似乎改得勉强使自己满意。这个"经验"实际上是给自己的一个"教训"。

我常常想，当年我对明清之际也极有兴趣，如果不过早地一头钻进谭嗣同，也许会研究《红楼梦》、李卓吾、王船山……；这块未开垦的处女地更为肥沃，更有问题可提，更有宝藏可发。如当时搞下来，年富力强，劲头十足，到今天大概可以更有成绩更有收获吧。尽管至今仍然对这段有兴趣，但时一过往，何可攀援；临渊羡鱼，退而不能结网，毕竟心有余而力不足了。这就是面临偶然性、盲目性缺乏足够的自我选择的后果。我有时遗憾地回想起这一点，但已经没有办法。

我在搞谭嗣同的同时及稍后，逐渐认识到只钻一点是搞不好这一点的。于是便有意识地把研究面扩展到康有为及整个维新派，并由此而下及革命派和孙中山。当时，像《戊戌变法》一类的资料书还没出版，我用任继愈老师借我使用的借书证（因为学生借书数量限制颇严）在藏书极为丰富的北大图书馆中看了和抄了许多原始资料。（这使我至今觉得，真正要作历史研究应该尽可能查阅原始材料，而不能依靠像上述那种第二手的资料汇编。）这就是说，我意识到，不了解整个维新运动的前前后后，便不能真正了解谭嗣同；中国近现代的个别人物如不与时代思潮相联系，便常失去了或模糊了他的地位和意义；特别是一些并无突出思想贡献或思想体系的思想家，更如此。这样一来，对谭嗣同思想的研究逐渐变成对中国近代思想史的研究。而中国近代思想史的研究又与当前现实有着深刻的联贯关系。谭嗣同以及近代思想史上的人物和问题便可以不只是对过往思想的单纯复述或史实考证，而似乎还能联系到今日现实的身影。这里并不需要故意的影射，而是昨天的印痕本来就刻记在今日的生活和心灵中。中国近现代的关系尤其如此。于是，对此作出认真的自我意识的反思研究，难道不是一件很有兴趣很有意义的事情吗？

　　但这种意义的真正发现却在"文化大革命"前几年和"文革"之中。民粹主义、农民战争、封建传统……，无不触目惊心地使我感到应该说点什么。而这点"什么"恰好可以与自己近代思想史的研究结合在一起。所以，当我在"文革"之后连续发表这方面的文章和1978年结集时，我似乎因三十年前所盲目闯入的这个偶然性，终于取得它的规律性必然性的路途而感到某种慰安。特别是受到好些青年同志当面或写信来说明他们感受的时候。

　　我的研究工作的另一领域是美学。走这个领域的盲目性似乎不太多：自己从小喜欢文学；中学时代对心理学、哲学又有深厚的兴趣；刚入大学时就读了好些美学书，并且积累了某种看法。所以1956年遇上美学讨论，也就很自然地参加了进去。当时主要是批评朱光潜教授，但我当时觉得，要真能批好，必须有正面的主张。用今天的话，就是"不立不破"，自己倒是较早就明确地意识到这一点。几十年来我很少写单纯批评的文章。我觉得揭出别人的错误一、二、三并不太难，更重要的应该是能针对这些问题提出一些新意见新看法。我总以为，没有自己的新意，就不必写文章。自然科学绝没有人去完全重复论证前人早已发现的定理、定律，社会科学领域其实也应如此。"人云亦云""天下文章一大抄"……的做法、说法，我是不大赞同的。因此，在第一篇批评朱光潜的文章中，我提出了美感二重性、美的客观性与社会性以及形象思维等正面论点。这些论点虽然一直受到一些同志的批评、反对，但我觉得这样比光去批评别人更有意思。

美学领域极广大，因此即使确定在这里活动，仍然有许多选择问题。搞什么？如何搞？是对审美心理或艺术现象作实证研究呢？还是研究美的本质？等等。这里有方向的选择问题，也有方法、课题的选择问题。

我对微观研究是有兴趣的。历来便喜欢看那些材料翔实、考证精当、题目不大而论证充分的文章，对某些巧妙的考据也常拍案叫绝，惊喜不已。我曾戏称之曰发现了"绝对真理"。对自己的学生、研究生，我也一贯提倡微观研究。我想中国人那么多，搞学问的人也多，如果你攻一点，我钻一点，把每一点的微观世界都搞得繁针密线、清楚翔实。那么合起来便大可观。这比大家挤着去做些空洞而巨大的题目，有意思得多，我当年搞谭嗣同的哲学思想，研究康有为的《大同书》思想，也是从这种比较细小的专题着手的。

但由于自己主要兴趣仍在哲学，当年考北大，哲学系是第一志愿。同班及高班好友如赵宋光、王承裕等纷纷在第二年转系时，我仍巍然未动。从而尽管对近代思想史、中国思想史、美学、艺术史、心理学以及中国古代史中的好些具体问题都极有兴趣，但我总不能忘情哲学。而且以自己一生精力去钻这些领域内的一两个专题，即使成了专家、权威，似乎也难以满足自己原有学哲学的愿望。而哲学却总是要求更空灵更综合更超越一些。至于自己为什么会对哲学有这么大的兴趣，则大概与自己的个性、气质、经历……有关吧。我还记得十二岁上初中一年级时的"精神危机"：想到人终有一死而曾废书旷课数日，徘徊在学校附近的山丘上，看着明亮的自然风景，惶惑不已……。

我羡慕人们当专门家，但命运似乎注定我当不了；而且也并不太想当。这观念经过"文化大革命"便变得更为明确。从而我的近代思想史、古代思想史、美学、康德……，便都采取宏观的方向和方法。我不求我的著作成为"绝对真理"，不朽永垂。在微观研究尚不甚发达的情况下，去追求准确的宏观勾画是几乎不可能的事情，而稍一偏离，便可以相去甚远。但这种宏观勾画在突破和推翻旧有框架，启发人们去进行新的探索，给予人们以新的勇气和力量去构建新东西，甚至影响到世界观人生观，只要做得好，却又仍然是很有意义的。而这，不也就正是具体的哲学兴趣么？

我自知做得很不好，只能表达一点意向，但我想努力去做。我的好些著作粗疏笼统，很可能不久就被各种微观或宏观论著所否定、推翻、替代。但"蜀中无大将，廖化作先锋"，在目前这种著作似乎还没有出现的情况下，为什么不可以承乏一时呢？等将来日月出了，爝火也可以心安理得地自然消失而毫无遗憾。鲁迅早说过这样的话，他自己便是一个光辉的榜样。晚年他宁肯放弃写中国文学史的重要计划，而撰写一些为当时教授、专家极其看不起的"报屁股文章"——杂文。鲁迅也没再创作，而宁肯去搞那吃力不讨好的《死魂灵》翻译。他为了什么？他选择了什么？这深深地感动着我和教育着我。鲁迅不愧是伟大的爱国者和思想家，而决不只是专门家。

在小时候，母亲就教导我要"取法乎上"。但我做得很差。大量的时间无可奈何地被浪费掉了。我虽尽可能避免转入任何无聊的人事纠纷，但各种纠纷却总要找上门来。也没有办法。这使得我的写作也变得扭曲模糊。有如我在《批判哲学的批判》修订本后记中所说"这些在这本书里都不可能充分展开，只是稍稍提及或一带而过，但即使是一两句话，如能引起注意，在当时我以为便是很有意义的事情"。当然有的也并不只是一两句话，不过总的说来还是相当简略粗疏，

"因陋就简"。但有趣的是，拿我的中国近代思想史的研究文章说，五十年代写的那些是比较细致的，例如对谭嗣同"以太"与"仁"的分析、《大同书》年代的辩论等等，1958年曾将几篇论文合成《康有为谭嗣同思想研究》一书在上海出版。前两年在海外，才知道香港有此书的翻印本，好些海外学人也对我提及此书。但这本书和这些论文在国内却似乎没引起什么注意或反响。相反的是，近几年我那些粗枝大叶讲章太炎、太平天国、革命派、鲁迅的文章却出我意料地被好些同志特别是青年同志们所关注和欢迎。讲康德的书、讲孔子的文章、《美的历程》也如此。这倒成了自己的上述选择的某种鼓励：看来，这方面的工作还是值得和需要去做的。

与这种宏观微观相关，在材料上也有方法选择的问题。例如，是孤本秘籍法还是点石成金法？前者当然很有价值，发现、搜寻前人所未知未见的新材料以作出论证，当然很重要。我自己便非常关心新材料的发现，例如最近王庆成同志从伦敦带回来的关于太平天国的材料便是从来未为人所知而极有价值的，这使我非常兴奋。但是我没有也不可能采取这种方法，我不可能去大量阅读，沙里淘金。我所引用的大都是习见熟知的东西，只是力图作出新的解释而已。又例如，在研究和表述过程中，既可以采取异常清晰的归纳、演绎，条理井然的论议叙述，像冯友兰教授那样；也可以注意或采取非归纳非演绎的直观领悟的描述方式；这两种方法也同样有价值，并无高下之分。我以为，学术作为整体，需要多层次、多角度、多途径、多方法去接近它、处理它、研究它。或宏观或微观、或逻辑或直观、或新材料或新解释……，它们并不相互排斥，而毋宁是相互补充相互协同相互渗透的。真理是在整体，而不只在某一层面、某一种方法、途径或角度上。中国古人早就强调"和而不同"，"声一无听，物一无文"，不要把学术领域搞得单一化、干巴巴，而应该构成一个多层面多途径多角度多方法的丰富充实的整体。这才接近客观真理。

爱因斯坦的《自述》是很值得读的好文章。其中实际也谈了选择。例如他谈到"……物理学也分成各个领域，其中每一个领域都能吞噬短暂的一生，而且还没能满足对更深邃的知识的渴望"，从而他"学会了识别出那种能导致深邃知识的东西，而把其他许多东西撇开不管，把许多充塞脑袋、并使它偏离主要目标的东西撇开不管"。这不正是选择吗？又如"当我还是一个相当早熟的少年的时候，我就已经深切地意识到，大多数人终生无休止地追逐的那些希望和努力是毫无价值的。而且，我不久就发现了这种追逐的残酷，……精心地用伪善和漂亮的字句掩饰着"（均见《爱因斯坦文集》第一卷）。这不也是选择吗？于是，一切的选择归根到底是人生的选择，是对生活价值和人生意义的选择。"吾宁悃悃款款，朴以忠乎？将送往劳来，斯无穷乎？宁诛锄草茅，以力耕乎？将游大人，以成名乎？……"（《楚辞·卜居》）从屈原到爱因斯坦，古今中外这么多人，每个都只生活一次，而且都是不可重复和不可逆转的，那么作什么选择呢？人生道路、学术道路将如何走和走向哪里呢？这是要由自己担负责任的啊。

（选自《走我自己的路》，1985 年）

25 | 读书与写文章

今天我和中文系七七级同学座谈，感到很亲切。首先祝大家今后取得远远超过我们这一代人的成就。

你们年轻一代人都走过一段自己的不平凡的道路。在过去的若干年中，你们耽误了不少时间，受到很大损失，付出了很大代价。但是，可以把付出的代价变为巨大的财富，把你们所体会的人生，变成人文—社会科学的新成就。要珍惜自己过去的经历，因为它能更好地帮助你们思考问题。你们这一代在自然科学方面要取得很大成就恐怕很难了，恐怕要靠更年轻的一代。但是，我希望你们在文学艺术创作方面、在哲学社会科学方面以及在未来的行政领导工作方面发挥力量。有些同学刚才跟我说，感到知识太贫乏。我觉得，知识不够，不是太大的问题。其实，一年时间就可以读很多的书；二、要有书籍，要依赖图书馆，个人买书藏书毕竟有限；三、要讲究方法。我不认为导师是必要条件。有没有导师并不重要。连自然科学家像爱因斯坦都可以没有什么导师，文科便更如此。当然有导师也很好。不过我上大学的时候，就不愿意做研究生，觉得有导师反而容易受束缚。这看法不知对不对。不过，我觉得重要的是应尽早尽快培养自己独立研究和工作的能力。

学习，有两个方面。除了学习知识，更重要的是培养能力。知识不过是材料。培养能力比积累知识更重要。我讲的能力，包括判断的能力，例如：一本书，一个观点，判断它正确与否，有无价值，以定取舍；选择的能力，例如，一大堆书，选出哪些是你最需要的，哪些大致翻翻就可以了。培根的《论读书》讲得很好，有的书尝尝味就可以了，有的要细细嚼，有的要快读，有的要慢慢消化。有的书不必从头到尾地读，有的书则甚至要读十几遍。读书的方法很重要。读书也不能单凭兴趣，有些书没兴趣也得硬着头皮读。我说要争取最多的时间，不仅是指时间量上的多，而且更是指要善于最大限度地利用时间，提高单位时间的效果。有些书不值得读而去读就是浪费时间。比如看小说，我从小就喜欢看小说，但后来限制只看那些值得看的小说。读书最好是系统地读、有目的地读。比如看俄国小说，从普希金到高尔基，读那些名著，读完了，再读一两本《俄国文学史》，具体材料和史的线索结合起来组织起你对俄国文学的知识结构。这就是说要善于把知识组织起来，纳入你的结构之内。读书的方法也是多种多样的。要善于总结自己的读书方法和学习经验，在总结中不断改进自己的方法，改进、丰富自己的知识结构，这也就算"自我意识"吧。培养快读习惯，提高阅读速度，也属于争取更多时间之内。古人说"一目十行"，我看可以做到，未尝不好，对某些书，便不必逐字逐句弄懂弄通，而是尽快抓住书里的主要东西，获得总体印象。看别人的论文也可以这样。

文科学生不要单靠教科书和课堂，教科书和课堂给我们的知识是很有限的，恐怕只能占5%到10%。我在大学里基本上没怎么上课，就是上了两年联共（布）党史课，因为你不去不行，他点名。我坐在课堂里没办法，只好自己看书，或者写信，别人还以为我在做笔记。（众笑）其实，我的笔记全是自己的读书笔记。我上大学时，好多课都没开，中国哲学史没有开，辩证唯物主义和历史唯物主义则是我没有去听。那时候，苏联专家来讲课，选派一些学生去，我没有被选上，当时我自己暗暗高兴，谢天谢地。当时苏联专家名声高，号称马列，其实水平不高。他们经常把黑格尔骂一通，又讲不出多少道理，我当时想，这和马克思列宁讲的并不一致。当时翻译了不少苏联人写的解释马克思主义的小册子，但是我翻读了几本之后就不再看了。现在看起来，我在大学占便宜的是学习了马列的原著，不是读别人转述的材料。所以还是读第一手材料，读原著好。我在解放前，偷偷读过几本马克思写的书，那时是当做禁书来读的，比如《路易·波拿马政变记》等。我从这些书里看到一种新的研究社会历史的方法，一种新的理论，十分受启发。我们读了第一手材料以后就可以作比较判断，不必先看转述的东西。总之，我是主张依靠图书馆，依靠自己，依靠读原始材料。

下面谈变"博"的问题。这个问题历来存在，也不容易解决好。我以为，知识博一些，知识领域宽泛一些比较好。在上大学的时候。我对文史哲三个系的弱点有个判断。我以为哲学系的缺点是"空"，不联系具体问题，抽象概念比较多，好处是站得比较高。历史系的弱点是"狭"，好处是钻得比较深，往往对某一点搞得很深，但对其他方面却总以为和自己无关，而不感兴趣，不大关心；中文系的缺点是"浅"，缺乏深度，但好处是读书比较博杂，兴趣广泛。说到贵系，人家可不要见怪呀。（众笑）我当时在哲学系，文史哲三方面的书全看。上午读柏拉图，下午读别林斯基，别人认为没有任何联系，我不管它。所以我从来不按照老师布置的参考书去看，我有自己的读书计划。其中读历史书是很重要的，我至今以为，学习历史是文科的基础，研究某一个问题，最好先读一两本历史书。历史揭示出一个事物的存在的前因后果，从而帮助你分析它的现在和将来。马克思当年是学法律的，但是他最爱哲学和历史。现在一些搞文学史的人，为什么总是跳不出作家作品的圈子？就是因为对历史的研究不够。一般搞哲学史的人不深不透，原因大半也如此。你们的前任校长侯外庐先生的思想史研究，之所以较有深度，就因为他对中国历史比较重视。研究社会现象，有一种历史的眼光，可以使你看得更深，找出规律性的东西。规律是在时间中展示的。马克思主义的基本要点就是历史唯物论。对于一个事物，应该抓住它的最基本的东西，确定它的历史地位，这样也就了解了它。读历史书也是扩展知识面的一个方面。现在科学发展，一方面是分工越来越细，不再可能出现亚里士多德那样的百科全书式的学者；另一方面，又是各个学科的互相融合，出现了很多边缘科学。比如说控制论，是几个学科凑起来搞，这是从五十年代以来的科学发展的特点。做学生时知识领域面宽一些，将来可以触类旁通。学习上不要搞狭隘的功利主义。学习，要从提高整个知识结构、整个文化素养去考虑。如果自己的知识面太狭窄，分析、综合、选择、判断各种能力必然受影响受限制。

再来谈谈"专"的方面。这里只就写文章来说。读书要博、广、多，写文章我却主张先要专、细、深，从前者说是"以大观小"，这可说是"以小见大"，"由小而大"。你们现在搞毕业论文。我看题目越小越好。不要一开始就搞很大的题目。就我接触到的说，青年人的通病是开头就想搞很大的题目，比如说，"论艺术"、建立"新的美学体系"，等等，但一般很难弄好。你们也许会说，你一开始不也是搞体系，什么"研究提纲"之类的吗？其实那不是我的第一篇文章。我在大学里先搞的题目是近代思想史方面的一些很小的题目。着手研究，先搞大而空的题目，你无法驾驭材料，无法结构文章，往往事倍功半。开始搞的研究题目可以具体一点、小一点，取得经验再逐步扩大。所以，虽然有好些热心的同志建议，我现在仍不打算写建立哲学体系的专著。不是不能写，如果现在写出来，在目前思想界也可以出点风头，但是我觉得靠不住，我想以后更成熟时才能写吧。康德的哲学体系至今整整二百年了，今年在西德纪念他的主要著作出版二百周年。康德当时写书的时候，思想界充塞了多少著作啊，而唯有康德的书给予人类思想史以如此长远的影响。所以我们要立志写出有价值的书，写出的东西能经得起时间的检验才好。写出的东西一定要对人类有所贡献，必须有这样的远大抱负。总之，如果读书多、广，又善于用这些较广泛渊博的知识，处理一个小问题，那当然成功率就高了。所以可以有一个大计划，但先搞一个点或者从一个点开始比较好。此外，选择研究题目也很重要，我以为题目不应由别人出。我有某种观点、见解，才去选择题目。写文章和做诗一样，都要有感而发。有的人找不到研究题目，要别人代出题目，自己不知道搞什么，这就搞不好。应该在自己的广泛阅读中，发现问题，找到前人没有解决的问题或空白点，自己又有某些知识和看法，就可以从这个地方着手研究。选择题目。要想想这个题目有多大意义，成功的可能性有多大，要尽量减少盲目性，不能盲目选择目标。就好像石油钻井，要确实估计这个地方有油，才去打井。如果毫无估计，盲目地打，没有油，又随便挪一个地方，挪来挪去，人寿几何？

学术文章有三个因素，前人早已说过。一是"义理"，用我们的话说，就是新观点、新见解。二是"考据"，也就是材料，或者是新鲜的材料，或者是丰富的材料，或者是旧材料有新的使用和新的解释。三是"词章"，就是文章的逻辑性强，有文采。你每写一篇文章，也应该估计一下可以在哪个方面做得比较突出，有自己的特色。总之，写文章要有新意，没有新意，最好不要写文章。

学术研究与各人的气质也有关系。有的人分析能力强，可以搞细致的精深的问题。现在国外的许多研究细极了，一个作家一部作品的细枝末节考证得十分清楚详细，这也是很有用的。不过就我个人来说，不习惯这样，不习惯一辈子只研究某一个人，考证某一件事、钻某个细节。我也是个人，他也是个人，为什么我就得陪一辈子呢？划不来。（众笑）但是只要有人有兴致，也可以一辈子只研究一个作家、一本书，一个小问题。这也可以做出很有价值的贡献，现在似乎更应该提倡一下这种细致的专题研究。总之，研究题目、途径、方法可以百花齐放，不拘一格。既不能认为只有考据才算学问，其他都是狗屁、空谈（这其实是二流以下的学者偏见）；也不能认为考据毫无用处，一律取消，这是左的观点。

当有的同学反映目前高校教育同李先生读书时的情况没有多大差别，大家普遍感到不大适宜有创造性的人才的培养时，李说：——

你们现在的情况比我那时要好一些，那时候思想更僵化，全是苏联的那一套。这几十年来，我受到的挫折也是很多的。但是要自己掌握人生的价值，树立自己内在的人格价值观念。毁誉无动于衷，荣辱可以不计。

有的同学谈到学术研究上的困难时，李说：——

学术研究要讲究多谋善断，一个小问题可能越钻越小，以至于钻进牛角尖，出不来了。一个小问题也可能越想越大，大到无边，这样一来，也无法搞了。所以要善断。研究问题要一步步地来，否则"剪不断，理还乱"，永无穷尽。要求把一切都搞懂了以得到绝对真理似的研究结果，这是不可能的。

学术研究要善于比较，在比较中发现特点。比较可以见出现象上的规律，但是不等于见出本质规律。研究和学习都要善于扬长补短，要发现自己的能力，发展自己的特长。

（选自《走我自己的路》，1979 年）

26 | 新春话知识
——致青年朋友们

我喜欢和青年朋友在一起聊天，但懒于写信。《文史知识》要我为青年们讲点"治学之道"，我深知自己确无资格来讲这种"道"，但推托不掉，只好借此机会聊聊天，替代一些回信。既然是聊天，也就不算文章，更非正式议论，只是些闲话罢了。

《文史知识》销路据说很好，而且愈来愈好。目前各种读书活动更非常之多，也愈来愈多。知识的重要性在广大青年心目中看来已不成问题。这实在是件大好事。但一方面，"吾生也有涯，而知也无涯"，我倒似乎有点杞人忧天了。面对书山册海，老师宿儒，艰难试题，各种测验，据说年轻人也颇有困惑恐惧之感。同时，我也经常听到对年轻人的一些批评：这个"不扎实"，那个太浮……，据说这也使某些想搞学问的青年同志背起了精神包袱，总感到自己底子薄、知识少、没基础、不扎实。并且，据说要"扎实"，搞文史的就得从背四书五经、读《龙文鞭影》开始……。

事实究竟如何？年轻人是不是"不扎实"？究竟什么叫"扎实"？听得一多，倒不免使我有些怀疑起来。我记得年轻时，自己便亲耳听人批评过"郭沫若不扎实"、"冯友兰不扎实"、"侯外庐不扎实"……，言下之意是他们都没有"真学问"，万万不可学。我想大概是由于他们几位的论著中论议较多而考据较少的缘故吧，或者是在考证、材料上有某些失误的缘故吧。因为郭沫若也搞过不少考据，但我却听说郭的考据"太大胆"、"太浮躁"、"凭才气"、"绝不可信"，总之还是"不扎实"。这些批评给我的印象很深，所以至今也还记得。嗟予小子，当时何敢吭一声，只好眼巴巴地静候批评者们拿出"扎实"的"真学问"来以便遵循。不过，也很遗憾，等了几十年，终于没有见到这个"真学问"。如今，倒不再听到有人说郭、冯、侯诸位"不扎实"了，但这帽子不知怎的又落到好些年轻朋友们头上，似乎成了某种定论。这使我不由得怀疑起来。

我想，这倒不一定就是人们的主观偏见或"嫉贤妒能"，而是有某种客观缘由在。这种缘由之一可能就是所持标准的不同吧。因为学问有时代性，知识有淘汰性。上下两代对知识和学问的观念、要求、需要不必尽同，但人们却并不经常意识到这一点。用旧尺量新装，于是就产生了扎实不扎实、有学问没学问的问题。今天，背不出"四书"的人却在研究孔孟，有人皱眉头："不扎实。"但是，在"四书"朱注也能背的前清举子眼里，能背"四书"白文又算得什么"扎实"？今天年轻人不搞考证却又研究文史，有人发脾气："不扎实。"但是在王念孙父子眼里，现代"扎实"的考证又真有多少分量？章太炎也许会嘲笑今天的教授们连字都不认识却侈谈学问吧？实际上，现代青年们学外语，懂科学，知道耗散结构和第×次浪潮，我看，在某种意义上，即使比王念孙、章太炎，也自有其优势和"扎实"在。那么，又何必如此自愧勿如，诚惶诚恐呢？年轻人应该自信，不要被庞大的中国故纸堆吓倒了、压坏了。不必老念念于自己基础不好、没有知识。其实中国文史方面的书，两三年就可以读很多，而有些知识则毫无用处，大可"不屑一顾"。例如某次读书试题中的"知识"——"《红楼梦》中一共有多少个梦"——便属于此类。大脑毕竟有限，缺乏这种连红学专家也未必须知的"知识"，又有什么了不起，又何必羞惭于自己读的《红楼梦》读得"不扎实"呢？

年轻人应该具有自己时代所要求、所需要的知识，而不必处处向老辈看齐，不必过分迷信什么"师承"、"亲授"。老师有的知识可以不必全有，老师所没有的知识有时却必不能无。研究中国文史，也该懂外语、学科学，明了世界大势，"中国书都读不过来，哪有工夫念外语"之类的论调，我以为是不妥的。记得有个材料说，陈寅恪回国时去见夏曾佑，夏说，你懂几国外语多好，我现在感到没书读了。陈当时心里颇不以为然：中国书那么多，怎能说没书读了呢？但后来，陈暮年时却深感夏的话有道理，因为中国书说来说去也就是那些基本东西。这个故事给我的印象也极深。这使我感到鲁迅当年的"不读中国书"、读中国书使人消沉下来等等，并不完全是气话。

中国要走向现代化的未来，学习、研究中国文史的青年也要走向未来。我们应该在这样一个大前提之下来看待、衡量和估计知识学问的扎实或不扎实。例如，我们今天确乎还需要各种"活字典"和各种博闻强记举一援十的学者专家，但这是不是文史领域中的唯一的方向、标志和道路呢？老实说，如果比死记硬背、比知识量的多寡、字典的大小，人大概比不过将来的机器。前人所艳称的某些"扎实"的学问，至少如编引得、造年表以及某些考证之类，将来很可能要让给机器去做。又譬如，以前读书都讲究抄书，所谓买书不如抄书。鲁迅就抄过书。抄书当然非常"扎实"，非常有助于知识获得的准确牢靠，但在知识不断爆炸、信息极为庞大，连复印机、计算机也忙不过来的现时代，我们还能盲目地强调不抄书、不背书就"不扎实"的老套吗？有一些研究生来找我，他们说，老师叫他们现在不必考虑什么问题，先读多少多少书，抄多少多少张卡片再说，"这才是真正的学问"。我自己也作卡片，并且从大学时代就作起。但我就不赞成脑子里毫无问题、自己毫无想法去盲目地作卡片，特别是对研究生来说。一大堆卡片并不等于学问。

将近百年前，严复对照中西异同以倡导改革时，除指出"中国首重三纲而西人最明平等"、"中国尊君而西人隆民"、"中国委天数而西人恃人力"等等之外，还说过："中国夸多识，而西人尊新知"。现在这一点似乎仍然如此，只要你掌握、罗列、知道的材料多，能繁征博引，便是"有学问"，而值得或可以吹捧炫耀。否则便不行。我总感觉这好像是原始社会的遗风。在原始社会，谁的胡子长，谁的权威就最大。因为他活得长，经历的事情多，"学问"当然也就最大。但近现代社会却并不是这样。真正的创新家经常有青年人。他们并没有那么多的学问、知识、经验，却偏偏能作出非常重要的发现或发明。从爱迪生到爱因斯坦，我看如果讲知识、学问，恐怕就比不过那些胡子长、头发白的教授专家们。但真正对人类作出巨大贡献的却是他们的"新知"，而不是那些教授专家们的"多识"。

其实，在中国也有例子。章学诚的名著《文史通义》、《校雠通义》，检查起来，便"征文考献，辄多谬误"，"其读书亦大卤莽灭裂矣"（《余嘉锡论学杂著》卷下）。大家如苏东坡，当年也经常被人（是刘贡父？记不清了）嘲笑有各种学问的错漏，但笑者不知何处去，今人仍爱苏东坡。游谈无根，不扎实，再抄引另一个故事如下：

> "东坡《刑赏忠厚之至论》用'皋陶曰"杀之"三，尧曰"宥之"三'，……欧公曰：'此郎必有所据。'及谒谢，首问之，东坡对口：'何须出处！'……公赏其豪迈。"一作"坡曰……某亦意其如此。欧退而大惊曰：此人可谓善读书善用书，他日文章必独步天下。"（见《宋人佚事汇编》中册）

当然，我并不是提倡"何须出处"、"意其如此"、"读书亦大卤莽灭裂"以造成各种基本知识的错漏欠缺；我自己便强调过："现在有许多爱好美学的青年人耗费了大量的精力和时间苦思冥想，创造宏大的体系，可是连基本的美学知识也没有。因此他们的体系或文章经常是空中楼阁，缺乏学术价值。……科学的发展必须吸收前人和当代的研究成果，不能闭门造车。"（《美学译文丛书序》）因此这里我想说的不过是：不要迷信，不要困惑压抑在"不扎实"、"没学问"的重力下而失去如欧阳修称赞苏轼的那种年轻人所具有的"善读书善用书"的"豪迈"锐气。因此我倒非常欣赏车尔尼雪夫斯基二十七岁写的博士学位论文（即中译本《生活与美学》）也是以"卤莽灭裂"地贬低艺术，使得学问甚大的老一代名作家屠格涅夫气得发抖的故事；

我也仍然相信毛泽东讲的年轻人不要怕教授是至理名言（我如今也是教授，大概不致有某种嫌疑）。

我并不想把"新知"与"多识"、"创造"与"学问"、年轻人与老教授对立起来，恰恰相反，如在《美学译文丛书序》中所认为的，创新必须有学问。在一定意义上，新知是建筑在旧识的基础之上的。因此，我想说的又不过是：创造需要知识，但知识却并不等于创造。培根说"知识就是力量"。我觉得从知识到力量，其中还需要某种转换。即是说，要使知识（对象）变成力量（主体），还得要有某种科学的选择、组织、建构、融化的工夫，这样才使知识纳入你的智力结构，成为你的能力，符合你的需要而为你所自由驾驭，而不只是像机器那样被动地贮存，凭外在指令来输入输出而已。也就是说，要善于读书，善于吸收融化知识，善于主动地选择、建构、运用和支配知识，使合规律性的知识趋向于、接近于、符合于你的合目的性的意愿和创造。

这里面，问题就很多，就很值得了解探究。青年们在贪婪地热情地吸取知识时，最好有意识地注意到这些问题，以采取最适合自己的具体方法、途径、方式，根据自己的主客观条件和特征去做出可能人各不同的选择和考虑。例如，包括做学问，当学者，便可以有各种不同的形式和类别。海耶克（F. A. Hayek）曾把学者分为头脑清晰型和头脑困惑型两种，也有人分为狐狸型和刺猬型。大体说来，前一类型善于分析和讲授，知识丰富，论证清楚，博闻强记，条理灿然。后一类型则相反，他不见得能记得很多知识，他的论证、讲授也可能很不充分或很不明晰，甚至含混晦涩。他经常忽视或撇开各种细节，却善于抓住或提出一些最重要、最根本的问题、观念或关键，其中蕴含着或具有极大的创造性、新颖性、原动性。前一类型更善于复述、整理、发展前人的思想、学说和材料；后者却更多沉溺于执着于自己所关注的新事物、新问题，而不知其他。如果借库恩（Thomas Kuhn）的话，前者大抵是常规科学，后者则属创造范式（paradigm）。前者无论在课堂上、舆论界、同行中一般容易被欢迎，后者却常常不为人所注意或接受。当然，这种二分法只是某种抽象化了的分类，在现实中，这两种类型、这两种因素经常是交织、混合在一起，只有程度和比例不同的差异而已。本文之所以讲这些，也只是说明学问并无一定之规，知识也非僵死之物，我一直认为，"治学之法有多途……不妨各就性之所近，发挥所长"（《走我自己的路》），"研究题目、途径、方法可以百花齐放、不拘一格。既不能认为只有考据才算学问，其他都是狗屁、空谈……；也不能认为考据毫无用处"（《读书与写文章》）。对知识，恐怕也是如此。

总之，我们不是玩赏知识，也不是为知识而知识，而是为创新而学知识。青年恰恰是创新欲望和能力最旺盛的时期，不要错过啊。

《文史知识》以知识为刊名，我却讲了这些即使不算反知识，大概也属非知识的闲话。不识时务，必将挨骂。但既然编辑同志如此热诚，那我又岂敢退缩？"虽千万人，吾往矣"，可能有点阿 Q 精神，也罢，只好如此了。

（选自《走我自己的路》，1985 年）

27 | 我为什么要写《论语今读》

我在《中国古代思想史论·后记》中说，"……这本书讲了许多儒家，其实我的兴趣也许更在老庄玄禅，这本书都是提纲，其实我更想对其中一些问题例如宋明理学的发展行程做些细致的分析"。十年过去了，这两个"其实"，看来一生也做不成了。时日如驶，马齿徒增；岁云暮矣，能无慨然？但既然还有点时间，又仍不做自己想做的事，却来译、注、记这本已有多人译过、注过、记过的《论语》，为什么？这岂不是将冷饭一炒再炒，太没意思了么？我似乎首先应该向自己提出，同时也向关心我的读者交代一下这个问题。

所以，写这个"缘起"。

我之选择做这项工作，着手于1989年秋冬，时断时续，于1994年春天完成。这倒并非一时兴起，偶然为之；也非客观原因，借此躲避。实际恰好相反。尽管我远非钟爱此书，但它偏偏是有关中国文化的某种"心魂"所在。我至今以为，儒学（当然首先是孔子和《论语》一书）在塑建、构造汉民族文化心理结构的历史过程中，大概起了无可替代、首屈一指的严重作用。不但自汉至清的两千年专制王朝以它作为做官求仕的入学初阶或必修课本，成了士大夫知识分子的言行思想的根本基础，而且通过各种层次的士大夫知识分子以及他们撰写编纂的《孝经》、《急就篇》（少数词句）一直至《三字经》、《千字文》、《增广贤文》以及各种"功过格"等等，当然更包括各种"家规""族训""乡约""里范"等等法规、条例，使儒学（又首先是孔子和《论语》一书）的好些基本观念在不同层次的理解和解释下，成了整个社会言行、公私生活、思想意识的指引规范。不管识字不识字，不管是皇帝宰相还是平民百姓，不管是自觉或不自觉，意识到或没有意识到，《论语》这本书所宣讲、所传布、所论证的那些"道理"、"规则"、主张、思想，已代代相传，长久地渗透在中国两千年来的政教体制、社会习俗、心理习惯和人们的行为、思想、言语、活动中了。所以，它不仅是"精英文化"、"大传统"，同时也与"民俗文化"、"小传统"紧密相联，并造成中国文化传统的一个重要特点：精英文化与民俗文化、大传统与小传统，通过儒学教义，经常相互渗透、联系。尽管其间有差异、距离甚至对立，但并不是巨大鸿沟。这样，儒学和孔子的《论语》倒有些像西方基督教的《圣经》一书了。

中国没有像基督教或伊斯兰那样的宗教。对人格神，许多士大夫知识分了经常处于似信非信之间，采取的似乎仍然是孔老夫子"敬鬼神而远之"，"祭如在，祭神如神在"的态度。在民间，则表现为某种多元而浮浅的信仰和崇拜。其对象，可以是关公、妈祖、观音菩萨、玉皇大帝等等，不仅因人因地不同，常常改变；而且大都是为了求福避祸，去灾治病，有着非常现实的世间目的。重要的是，即使在这种多元而浮浅的民间宗教中，奇迹宣讲也并不突出，主要的部分仍然是在倡导儒学的人伦秩序和道德理念。记得有一次我乘坐台北市的计程车（Taxi），那位计程车司机向我津津乐道地宣讲他所信仰的佛祖，并特地给我看了他经常诵读的佛经读本。我仔细看了，发现其中绝大部分是地道的儒学教义，即孝顺父母，友爱兄弟，照顾亲族，和睦邻里，正直忠信，诚实做人，等等等等。真正佛家的东西并不太多。也是在台湾，我拜会了影响极大的证严法师。她曾赞赏病人死在亲属在旁的家中，而不必死在医生、护士等陌生人手里。这也使我颇为吃惊，因为这里表现出的，似乎仍然是以亲子为核心的强烈的儒学人际关怀，而佛家本应是看破尘缘六亲不认的。这也使我想到，尽管中国历史有过儒释道三教的激烈争辩，甚至发生"三武之祸"，但毕竟是少数事例；相反"三教（儒、释、道）合一"倒一直是文化主流。孔子、老子、释伽牟尼三大神圣和平共存、友好相处，既出现在近千年前的宋代文人的画卷中，也仍然保存在今日民间的寺庙里。中国从来没有真正的宗教战争，便是世界文化史上一大奇迹。之所以能如此，我以为与儒学的包容性有很大关系。儒学不重奇迹、神秘，却并不排斥宗教信仰；在"三教合一"中，它不动声色地渗入其他宗教，化为它们的重要内容和实质成分。而儒学之所以能如此，其原因又在于它本身原来就远不止是"处世格言"、"普通常识"，而具有"终极关怀"的宗教品格。它执着地追求人生意义，有对超道德、伦理的"天地境界"的体认、追求和启悟。从而在现实生活中，儒学的这种品德和功能，可以成为人们（个体）安身立命、精神皈依的归宿。它是没有人格神、没有魔法奇迹的"半宗教"。

同时，它又是"半哲学"。儒学不重思辨体系和逻辑构造，孔子很少抽象思辨和"纯粹"论理。孔子讲"仁"讲"礼"，都非常具体。这里很少有"什么是"（what is）的问题，所问特别是所答（孔子的回答）总是"如何做"（how to）。但这些似乎非常实用的回答和讲述，却仍然是一种深沉的理性思索，是对理性和理性范畴的探求、论证和发现。例如，"汝安则为之"是对伦理行为和传统礼制的皈依论证；"逝者如斯夫，不舍昼夜"，是对人生意义的执着和追求；"吾非斯人之徒而谁与"，是对人类主体性的深刻肯定。而所有这些都并非柏拉图式的理式追求，也不是黑格尔式的逻辑建构，却同样充分具有哲学的理性品格，而且充满了诗意的情感内容。它是中国实用理性的哲学。

正因为是靠理性、哲学而不靠奇迹、信仰来指引人们，所以孔子毕竟不是耶稣，《论语》并非《圣经》。也正因为不是空中楼阁或纸上谈兵，而要求并已经在广大人们生活中直接起现实作用，所以孔子不是柏拉图，《论语》也不是《理想国》。

儒学、孔子和《论语》这种既非宗教又非哲学或者说是"半宗教半哲学"的特征，我认为是真正的关键和研究的起点所在，但在今日中国学术界却很少被注意或强调。由于孔子不能呼风唤雨，起死回生，既非教主，也不是上帝的儿子，于是现代大多数学者只强调他作为思想家、哲学家的意义。牟宗三虽然强调了儒学的宗教性，但由于忽视了宗教所应有的现实作用和通俗性能，便仍然将儒学的宗教性弄成了凡人难懂的书斋理论、玄奥思辨和高头讲章，与大众生活和现实社会完全脱节。这就恰恰失去了儒学所具有的宗教性的品格和功能。牟在哲学上大讲"超越而内在"，用西方两个世界的观念硬套在"一个人生（世界）"的中国传统上，已大失儒学本义，从而与将孔学和儒学说成是纯粹哲学的人并无区别。于是，孔子、《论语》和儒学近一个世纪以来便成了哲学史专家们的游戏对象：排列、组合、分析、综合其概念、范畴、论断，写出一本又一本或赞赏、或批判、或"批判地继承"的各种各样的大小著作，以为这样就处理好了孔子、《论语》和儒学。

于此，我有些疑惑。我觉得对孔子、《论语》和儒学，似乎还需要做另一件工作，这就是对这一"半宗教半哲学"的文化神髓既解构又重建的工作。

首先是解构。这解构有两个方面：现实（宗教）方面和理论（哲学）方面。当然，这两方面是非常复杂地交织在一起的。

譬如说，以董仲舒为代表的汉代儒学，构建了一整套阴阳五行、天下感应的"宗教、伦理、政治三合一"宇宙观图式。这是哲学，但又不只是哲学；这是宗教，但又不完全是宗教。它仍然欠缺一个到处活灵活现的人格神上帝来不断干预人世。但天人感应、阴阳五行，却又是统辖、主宰、支配、制约整个政教体制的观念体系和意识形态，从"官制象天"到医药占卜。后者到今天也还在影响人们的活动和心理。

又譬如说，以朱熹为代表的宋明理学，构建了以"天理人欲"为核心的心性本体论。这当然是哲学，但又不只是哲学。它否认人格神的上帝，本身却是以一种不可违抗的宗教、伦理、政治三合一的道德律令展示出来的后期传统社会的意识形态和法规秩序。它统辖、主宰、支配、制约人们的行为举止、思想观念，甚至直到今天。所以现代各方面所谓"反封建"的攻击对象都指向了宋明理学。

以阴阳五行为框架的秦汉儒学和以心性本体为框架的宋明理学，是继孔、孟、荀之后的两大儒学发展体系。它构成了儒学发展的第二期和第三期。它们影响至今，两者都在宗教性和哲学性的方面而需要加以解构。

正因为儒学的宗教性和哲学性是交融一起融合无间的，儒学的宗教性不是以人格神的上帝来管辖人的心灵，而主要是通过以伦理（人）＝自然（天）秩序为根本支柱构成意识形态和政教体制，来管辖人的身心活动。其特征之一便是将宗教性道德与社会性道德融成一体，形成中国式的"政教合一"，并提升到宇宙论（阴阳五行）或本体论（心性）哲理高度来作为信仰。"教"在这里既是人文教育（teaching，education）又是人生信仰（faith，religion）。因此解构方面首先应是，将伦理道德作为个体的内心信仰、修养和情感（宗教性私德）与作为社会的外在行为、准则和制度（社会性公德）区分开来。"自天子以至庶人，一是以修身为本"和"其身正，不令而行；其身不正，虽令不从"的伦理与政治的混同必须解构。情感信仰、理性思辨、制度设定等等各有不同的层面、位置和意义，应该从原典儒学（儒学第一期）开始定位和厘清，看看从孔子开始的儒学教义各个章句在哪个层面上具有或不具有价值。这样，对了解和消解传统以及今日中国的"政教合一"或称"政治宗教"，可能颇有好处。

例如，解构便要指出，原典儒学由于来自巫术礼仪，在这种远古礼仪中，对原始氏族首领的品质和人格的宗教要求与社会政治要求本就混在一起。其特征是在道德主义的命令话语下，宗教、政治、伦理三合一，三者交融混同。如前所说，其中，就有宗教性道德与社会性道德两种不同的成分。前者（宗教性道德）由孔、孟到宋儒发展为个体人生境界的儒道（释）互补的准宗教性的追求，而为理学所大力倡导，津津乐道。后者（社会性道德）则由孔子而荀子而与道家、法家和阴阳家合流互补，而成为一整套儒法互用的伦理——政治的规范、法则，支配了中国历史两千年。前者是"内圣"，后者是"外王"。这两方面都极重要。这二者一方面是分道扬镳，另方面又常纠缠一气。特别是宋明理学以及现代的革命伦理主义总将后者（社会性道德、公共政治）合并、纳入前者（宗教性道德、人格理想），要求前者决定后者。于是"以理杀人""以革命杀人"，便惨剧重重，层出不已。同时，也培育了一大批"假道学"、"伪君子"和"马列主义老太太"。

今天应该把这两种因素、两个方面、两种道德从儒学中分解出来，把剪不断理还乱的宗教、政治、伦理三合一的这个传统尽可能分缕清楚，从而才可能在各种不同层面上来谈"批判的继承"和"转化性的创造"。宗教性道德（"内圣"）可以经由转化性的创造，而成为个体对生活意义和人生境界的追求，它可以是宗教、哲学、诗、艺术。社会性道德（"外王"）可以经由转化性创造，而成为现代政治体系的中国形式：将重视人际和谐、群体关系、社会理想以及情理统一、教育感化、协商解决等特色，融入现代政治的民主体制构建中，而开辟某种独创性的未来途路。

总之，儒学作为"教"（宗教）需要厘定澄清和"意识化"。儒学作为"学"（哲学）的方面，也需要从种种体系化的"阴阳五行"、"性理天命"、"道德的形而上学"中解放出来，使它恢复原典儒学例如在《论语》中所表现出来的那种真正活泼、具体的人间情趣，这也就是我所说的"情本体"（见后）。

第二，解构之后，再"重建"否？在"教"的方面，当然不必模仿基督教或伊斯兰，再去塑建人格神的上帝。但是否可以考虑回到"天地国亲师"——那松散而灵活、没有人格上帝的儒学的"宗教"传统呢？这个"宗教"所具有的含糊性和开放性，使它可以有一个广阔的自由的解释空间。"君子以为文，而百姓以为神"（《荀子》）。"天地国亲师"都不是"神"，却可以是尊敬、崇拜、献身的对象。对老百姓，它可以包容对人格神（上帝、佛菩萨、各种民间宗教）的崇拜礼仪；对"君子"们，它可以是某种心灵寄托、行为规范、生活归依。重要的是"天地国亲师"不能复旧，它本身也需要一番解构和重建。例如需要把它从过去的政治宗教即"政教合一"的传统中解放出来，它不应再是"好皇帝"和"君师合一"的政治体制和幻想信仰，恰恰应该在这里强调改"君"为"国"的重要意义，这"国"不再指任何政府、政体、政制，而是指较含混而宽广地对历史—文化共同体的某种心理认同。它是 country，而不是 state 或 government。于是，"天地国亲师"便可以成为中国人对宇宙自然、家园乡土、父母夫妻、兄弟朋友、师长同学以及文化传统的某种道德和超道德的情感认同和精神皈依。它不再具有政治的和社会性道德的性质功能，却具有宗教性的功能和内容。"天地君亲师"从内容和文字上可一直追溯到荀子，其根本精神当然来自孔子和《论语》。《论语》这种准宗教性则有如程颐所说："读《论语》，未读时是此等人，读了后又只是此等人，便是不曾读。"这就是说，读《论语》应使人"变化气质"，不只是获得知识而已。钱穆强调读《论语》是学习"做人"，仍然是在遵循这个传统的说法。所有这些强调儒学宗教性功能，都可以成为今日重建儒学宗教性的很好资源。黑格尔曾嘲笑孔子的《论语》不过是"处世格言"而已，表面看来也像。但是这些"处世格言"却有关乎人作为本体存在的价值体认。有此体认，虽然"山还是山，水还是水"，为人处世却大不一样了。从而这里的所谓"处世格言"便并非为个人生存的利害，而成为有准宗教性能的教诫和体认。从而，如果今天从《论语》到《菜根谭》到《三字经》等等再作出某种新的摘录编选，重要的是加以新的解说发挥，它们不也可以与《圣经》、佛经和其他宗教读物一样起着同样的慰安人际、稳定社会、健康身心的功能作用吗？这是否仍有可为呢？当然，决不能也不可能再回到传统的"功过格"之类迂腐伪善的"修养"，但是否可以有新形式的创造呢？当然，要注意的是，如何使它区别于当前颇为荒唐、混乱、庸俗的国粹主义和所谓"国学热"。

在"学"的方面，则似乎不必再去重建各种"气"本体、"理"本体、"心性"本体的哲学体系了。"情本体"可以替代它们。因为

"情本体"恰恰是无本体，"本体"即在真实的情感和情感的真实之中。它以把握、体认、领悟当下的和艺术中的真情和"天人交会"为依归，而完全不再去组建、构造某种"超越"来统治人们。它所展望的只是普通、平凡的人的身心健康、充分发展和由自己决定命运的可能性和必要性。儒学的哲学方面由于今日谈得很多，这里不想辞费（请参阅拙作《哲学探寻录》）。而这些，就是作《今读》的简单缘起。将在本读各"记"中不时加以点说。

（※节选自《论语今读·前言》，1998 年）

28 | 我所理解的《论语》

"记"者，我的评论、札记和解说也。它们长短不一，品类不齐。或讲本文，或谈哲学；或发议论，或表牢骚；或就事论理，或借题发挥；并无定规，不一而足。可能这倒符合《论语》本身体例，也符合我反对建构哲学体系的主张。当然，所有这些札记，仍然围绕今日如何读《论语》这个中心来展开。"记"的一大毛病就是重复过多，翻来覆去讲那么点意思。这也没有办法，但愿读者们不嫌啰唆。

程树德《论语集释》评论朱注时说："其注《论语》到处塞入理字。于仁则曰心之德，爱之理；于礼则曰天理之节文，如水银泻地，无孔不入。"（第一册第80页，中华书局版）又引《汉学商兑》所批判的"谵语"："《论语》，孔门授受之书，不言及理。何独至于宋儒，乃把理学做个大布袋，精粗巨细，无不纳入其中。至于天，亦以为即理。性亦以为即理。却于物物求其理而穷之。凡说不来者，则以为必有其理。凡见不及者，则以为断无是理。从此遂标～至美之名曰理学"（第四册第1158页，见《汉学商兑》万有文库本第6页注）。这也就是我最近多次说过哲学家们用构建知识/权力体系来管制人们，统摄一切，最终造成"以理杀人"（戴震）和"不惟箝其口，使不敢昌言；并乃锢其心，使不敢涉想。"（谭嗣同）

这当然不是《今读》所愿遵循的。本读只想随处点出，孔子作为活人，有与常人无异的行为、活动、意向和喜怒哀乐。所谓孔学，正是对人们日常生活、现实处境提出的各种意见、评论、主张和看法。

它具体，并不虚玄；它普通，并无奥秘。但真要想到、做到，却又不容易。所以这些主张、意见等等便具有很高的理想性和一贯性。这就是所谓"极高明而道中庸"。《论语》一书道理高深但语言平易，记述平易（大都是日常普通事实）。"记"也想尽量仿效，决不作艰深玄奥语，但说理能否高深，则未必了。其中有三点似值得在此一说：

第一，孔学特别重视人性情感的培育，重视动物性（欲）与社会性（理）的交融统一。我以为这实际是以"情"作为人性和人生的基础、实体和本源。它即是我所谓的"文化心理结构"的核心："情理结构"。人以这种"情理结构"区别于动物和机器。中国人的"情理结构"又有其重要特征。这特征与孔子、《论语》、儒学直接有关。这也就是十五年前我在《孔子再评价》一文提出的"仁的结构"中的孔学的"心理原则"。孔子和儒学一直强调以"亲子之情"（"孝"），作为最后实在的伦常关系以建立"人"——"仁"的根本，并由亲子、君臣、兄弟、夫妇、朋友"五伦"关系，辐射交织而组成和构建各种社会性—宗教性感情，作为"本体"所在。强调培植人性情感的教育，以之作为社会根本，这成为华夏文明的重要传统。

除"仁"之外，《论语》和儒学中许多重要概念、词语、范畴，如诚、义、敬、庄、信、忠、恕等等，实际均具有程度不一的这种情感培育的功能或价值。例如，"敬"、"庄"等概念、范畴本来自对鬼神、天地、祖先的巫术礼仪（Shamanism），其中，情感因素浓厚而重要。《论语》和儒学虽把它们世俗化理性化了，却又仍然保存着宗教性传统的情感特征。从而，今天如何从培育人性情感角度来探索、考虑、论证《论语》、孔学、儒家，便是值得研究的命题。

在古今中外许多注疏、解说、研究中，我欣赏的是钱穆的下述见解，他一方面认为"孔子教义"具有"道地十足不折不扣的宗教精神"（《孔子与论语》第23页，台北联经版），同时又突出强调"情"的特征："宋儒说心统性情，毋宁可以说，在全部人生中，中国儒学思想，则更着重此心之情感部分，尤胜于其重理知的部分。我们只能说，自理知来完成性情，不能说由性情来完成理知。情失于正，则流而为欲。中国儒家，极看重情欲之分异。人生应以情为主，但不能以欲为主。儒家论人生，主张节欲寡欲以至于无欲。但绝不许人寡情、绝情乃至于无情。"（《孔子与论语》第198页）我觉得这比现代新儒家们讲得远为准确和通俗。但由于钱是历史学家，他没有从哲学方面加以引申发挥，也未很好地贯彻在他的《论语新解》中。相反，《论语新解》倒塞满了好些似乎原封未动但早已陈旧迂腐的传统道德教义，实际并不符合上述说法。这也是我之所以要重新翻译并作新"记"的原因。

第二，孔学极重道德，如前所说，它将政治、伦理、宗教三者交融混合在道德之中。从而在后世使意识形态、宗教激情、专制政体、家族威权、个人修养融合混同，形成中国式的政教合一。虽经近代西学冲击洗刷，却并未能真正解体，而成为走进现代社会的某种障碍，引发出"打倒孔家店"的五四热潮以及今日的"信仰危机"、"道德危机"。如何从孔学教义中注意这一问题，并进而区分开宗教性私德与社会性公德，使之双水分流，各得其所，从而相反相成，范导建构，似为今日转化性创造一大课题。从《论语》中分疏出曾子、子张"问仁"、"问政"即私德、公德两种倾向，实后世"内圣"、"外王"（汉代公羊学颇为重要，惜本读未及论述）两条线索的张本所在。我在《中国古代思想史论》中曾强调除孔（颜回、曾参）孟程朱陆王这条"内圣"线索外，儒学还有孔子（子贡、子夏）、荀子、董仲舒、何休、王通、陈亮、叶适、顾（炎武）、黄（宗羲）这条极为重要的"外王"线索。现在人们都喜欢大讲陈寅恪，却未注意陈早说过，中国哲学不及西方，而"二千年来华夏民族所受儒家学说之影响，最深最巨者实在制度法律公私生活之方面"（《冯友兰中国哲学史下册审查报告》）。孔学的这个方面或线索，常为治哲学史、思想史者所忽视或轻视（如"现代新儒家"）。但正是这条线索在更大程度上维系了中华民族和中国文化的生存延续。谈儒学谈《论语》，而不重视这一问题，乃研究中的一大偏差。这在前面讲《论语》多出于曾子学派已点出。当然，这涉及"内圣"与"外王"、宗教性道德与社会性道德种种复杂关系，当于"记"中有所展开。

第三，孔学强调"知命"、"立命"，即个性的自我建立，亦即个人主体性的探索追求。所谓"命"，我以为不应解释为"必然性"、"命定性"，如许多传统的解说那样。恰恰相反，应释为偶然性，即每一个体要努力去了解和掌握专属自己的偶然性的生存和命运，从而建立自己，这就是"知命"和"立命"。这样才可能使自己在这个偶然存在、生存的人生道路和生活境遇中，去实现自己的超感性的实存；使自己这个感性生命不再是动物性的生存，同时也不是那玄奥而实枯槁的道德理性，而是真正融理欲于一炉的情感本体：即在日常生活中，在道德义务中，以及在大自然中，在艺术中，所可把握、体认到的人生境界，也就是人生的价值、意义和归宿所在。

恩格斯在总结近代哲学是"存在与思维的关系"的认识论后认为，当各门科学独立之后，哲学将只剩下"辩证法和形式逻辑"。维特根斯坦认为哲学只是语言治疗。海德格尔反对一切形而上学后，认为哲学将化为思的诗。如今，认识论早成为认知科学，语言论乃技艺而已，辩证法则不过是科学方法论某种不像样的分支，而追寻一个本体世界的形而上学或本体论也早无意义。于是，哲学何处去？什么是哲学？真成了问题。里伽·洛蒂已喊出"哲学终结"。

康德在《纯粹理性批判》中说："因为道德哲学具有高于理性所有一切其他职位的优越性，古人所谓哲学家一词一向是指道德家而言。即在今日，我们也以某种类比称呼在理性指导下表现出自我克制的人是哲学家，并不管他的知识如何有限"（参看蓝公武译本第570页，商务印书馆，北京）。这不有些近似孔子和《论语》中的话语么？哲学不是思辨的认识论或本体论，也不是语言治疗的技艺，而是在这个人生—世界中的"以实事程实功"的自我建立。但这建立并不是康德的道德理性，而是包容量度更广的情感本体。这也就是不同于西方基督教"罪感文化"、日本大和魂"耻感文化"的华夏"实用理性"和"乐感文化"的实现。

以上三点是我所理解《论语》的一些基本精神。其详，则见各章句的"记"中。总之，培育人性情感、了解和区分宗教性私德与社会性公德、重视和把握个体命运的偶然，我以为乃《论语今读》三重点。不知读者们以为如何？

这里还想说及一个有趣现象。《论语》原文我尽量翻译成现代白话，但我的札记则常常变成了通俗文言。"之乎也者"，也用了不少。这不是有意为之，而是信笔造成，并不十分自觉。为什么会这样？我也想了一下。除了由于行文惰性，文言比白话毕竟可以少写许多字之外，一个很大的可能是，自己在下意识地反抗时下某些青年理论家们那种弯弯曲曲、模模糊糊、拗口难懂、似通非通的流行文体。我称之为堆新词，如鸟语，构造语言迷宫以自迷迷人，可谓教授话语的通货膨胀。我以为如其那样，就不如干脆"恢复固有文化"，即使"之乎也者"，也比那些弯曲文句明白痛快，更接近日常语言。这当然有点冒天下之大不韪的味道。风头正健的青年理论家们或将群起而攻之？

《今读》之所以注明为"初稿"，并非故作谦虚，而是我确实很想以后再多作几番修改，包括这个写得很不顺畅的"前言"。这方面，我倒佩服古人。像朱熹，他不着意写自己的文章、大著，却以注好"四书"为一生任务，至死方休。这颇有些不现代化，但我现在宁肯保守些。如有可能，我还想作些这种译、注、记的工作，例如对《老子》、《周易》、《中庸》等。我以为，如果能使这些中华传统典籍真正成为今天和今后好读、好用的书，那比写我自己的文章、专著，便更有价值和意义。但这事极不容易，因此衷心希望读者对本读提供各种意见、批评和建议。特别是"译"虽然几经推敲，字斟句酌，但一定有译得不好、不妥、不准确、不贴切甚至错误的地方，非常欢迎具体指出，即使是关于一个字也极好。关于"注"，还需要补充些什么，删掉些什么，也愿听取意见。关于"记"更如此，欢迎尖锐批评，包括内容、形式，如太走题，或太简略，或太多重复（这点十分明显。原文原意也多重复。我以为重复有一定好处），等等等等。总之，抽象的、一般的、整体的印象、议论也好，具体的、个别的、细节的批评、意见更佳。我可以尽量考虑，及时采取，一步步地把这个译本和它的"注"、"记"处理得更完善一些。

最后还得提一下几年前轰动一时、洛阳纸贵的刘晓波先生批评我的大文。这大文批判我说："他的理论大有复活孔子之势"，结语和警句是"孔子死了。李泽厚老了。中国传统文化早该后继无人。"（《中国》1986年第10期）其斩钉截铁不容分说的风采确实惊人，但记得我当时看了，却高兴得跳了起来：居然把我和孔子直接拉在一起了，真是何幸如之。不过那时倒丝毫没想到我会写这本《今读》。我当时想到的只是，刘的结论未免太匆忙和太狂妄了；来日方长，我虽然老了，中国传统文化的承继者必大有人在。今天回想起来，宛如昨日事，而白云苍狗，世情多变，又真不免沧桑之痛，感慨系之了。

（※节选自《论语今读·前言》，1994年）

29 ｜ 生活境界和人生归宿

　　中国传统之所以是"乐感文化"，除了它以人生（亦即一个世界）为根基，以"实用理性"为途径，以肯定、追求生的价值和意义为目标之外，而且它所讲求的"乐"又仍然具有形而上的皈依品格。此"乐"是一种宗教性的情感。上面已讲，这正是以"仁"为"体"与康德以"义"（尢情感性的实践理性）为"体"的区别所在。以"仁"为"体"，则具有感性情感的"恻隐之心"，才是实践理性的根源。它虽仍是个体的、感性的，却是对"本性"的体认或最高经验（peak experience），即拙作《美学四讲》称之为"悦神"的审美境界，冯友兰称之为"天地境界"（《新原人》）。

　　康德继"我能知道什么？"（认识论）"我应该做什么？"（伦理学）"我能希冀什么？"（宗教学）之后，再加一问："人是什么？"（人类学）人类学历史本体论则恰恰从"人是什么"开始，提出"人活着"（出发点）、"如何活"（人类总体）、"为什么活"（人的个体），而将归结于"活得怎样"：你处在哪种心灵境界和精神状态里？这种状态和境界并非描述是否有电视、空调之类，也并非询问你是兴高采烈还是满腹牢骚；它关注的是个体自身的终极关怀和人格理想。宗教性课题在一个人生、一个世界的中国，转换为生活境界和人生归宿的探寻。

　　"如何活"、"为什么活"是理性的内化和理性的凝聚，显示的仍然是理性对个体、感性、偶然的规划、管辖、控制和支配。只有"活得怎样"的审美境界，理性才真正渗透、融合、化解（却又未消失）在人的各种感情欲中，这就叫理性的积淀或融化。"理性的内化"给予人以认识形式，"理性的凝聚"给予人以行动意志，"理性的融化"给予人以生存状态。前二者（内化、凝聚）实质上还是一颗集体的心（collective soul），只有后者才真正是个体的心。所以理性在此融化中自然解构。"平畴交远风，良苗亦怀新"，"群籁虽参差，适我莫非新"，这些并非对自然景物的描写，而正是理性的融化和解构后的生活境界和人生归宿。"如何活"和"为什么活"都可以用知性语言来表达，如各种语言描述和语言指令。但"活得怎样"却常常超出知性语言，非语言所及，它只是诗。

　　冯友兰曾分人生境界为"自然"、"功利"、"道德"、"天地"四阶梯。这些"境界"并不能截然划开，特别是"如何活"总作为基础和纠缠物与它们交错在一起。"自然境界"是对人生或人生意义浑浑噩噩，不闻不问，满足于"活着就行"的动物性的生存状态里。"功利境界"则是每人都有熙熙攘攘的日常生活，为利、为名、为官、为家；或荣华富贵，功业显赫；或功败垂成，悲歌慷慨；或称健平淡，度此一生。"道德境界"则圣贤高德、立己助人、清风亮节、山高水长；而凡夫俗子有志焉，亦可力就。这些都由语言管辖、统治。唯审美境界（天地境界）则不然。它可以表现为对日常生活、人际经验的肯定性的感受、体验、领悟、珍惜、回味和省视，也可以表现为一己身心与自然、宇宙相沟通、交流、融解、认同、合一的神秘经验。这种神秘经验具有宗教性，直到幻想认同于某种人格神。但就中国传统说，它并不是那种得神恩天宠的狂喜，也不是在宗教戒律中的苦苦追求，而仍然是某种"理"（宇宙规律）、"欲"（一己身心）交融的情感快乐。也许，这就是庄子所谓的"天乐"。因为这种快乐并不是某种特定的感性快乐，即无所谓快乐与不快乐，而只是一种持续的情感、心境、mood，平宁淡远，无适无莫，这也就是某种生活境界和人生归宿了。理学讲"心统性情"。但从程朱到阳明到现代新儒家，讲的实际是"理本体"、"性本体"。这种"本体"仍然是使人屈从于以权力控制为实质的知识/权力的道德体系或结构。所以，不是"性"（"理"），而是"情"；不是"性（理）本体"，而是"情本体"；不是道德的形而上学，而是审美形而上学，才是今日改弦更张的方向。所谓"学是学此乐，乐是乐此学"的"乐"，"情"也，非"性"也。"情"与"欲"相连而非"欲"，"情"与"性"（"理"）相通而非"性"（"理"）。"情"是"性"（道德）与"欲"（本能）多种多样不同比例的配置和组合，从而不可能建构成某种固定的框架和体系或"超越的""本体"（不管是"外在超越"或"内在超越"）。可见，这个"情本体"即无本体，它已不再是传统意义上的"本体"。这个形而上学即没有形而上学，它的"形而上"即在"形而下"之中。康德、海德格尔都想去掉形而上学，但又构建了自己的形而上学。大概只有在解构的"后现代"，才有去掉形而上学的可能，但又流于真正的原子个人的物欲横流，失去任何普遍价值和社会性。也许，只有凭依理欲交融的"情本体"，才能走出一条路来？而"心体"、"性体"只有皈依于"情体"，也才能真正贯彻一个人生、一个世界的华夏精神。"情本体"之所以仍名之为"本体"，不过是指它即人生的真谛、存在的真实、最后的意义，如此而已。

（※节选自《实用理性与乐感文化·哲学探寻录》，1994 年）

30 ┃ 什么是儒学?

第一个问题:什么是儒学(或儒家、儒教)?尽管现在、过去关于儒学的会议开了不少,关于儒学的书也写了很多,汗牛充栋,但儒学是什么,我觉得并不清楚。

"儒学"是什么意思?可以说有好几种意见、看法。第一种,儒学是相对于道家、法家、阴阳家、墨家的一种学说、学派、思想。但这个说法只能应用在先秦的孔子、孟子和荀子上面。后来的儒学吸收了大量的道家、阴阳家、墨家、佛学的思想,那还算不算儒学?

陶渊明算不算儒家?从朱熹、梁启超到陈寅恪,都有不同意见。有说是儒,有说是道,有人说是外儒内道,我也可以说他是内儒外道。李白是道家,还是儒家?说他是道,他却参与永王起兵的政治活动,还一心想当官。道家本是退隐的。

到了近代更麻烦。康有为打着孔圣人的旗子,但在《大同书》里,很重要的一章却是"破家界,作天民",否定家庭,结婚还需订契约。那他属于什么家?章太炎也同样麻烦,他写了一篇《五无论》,"无政府"、"无人类",什么都不要。那他是什么家呢?章太炎骂过孔子,但又是古文经学家;古文经学当然是儒家的一个派别。

再后一点有鲁迅、胡适,他们都说打倒孔家店,还算是儒家吗?但鲁迅和胡适对母亲的孝顺,行为上又完全是儒家的影响。那么到底什么是儒家呢?

以牟宗三为首的现代新儒家认为,真正算儒家的,除了孔、孟以外，就到宋明理学，周敦颐、张载、二程、朱熹、王阳明等人算是儒家；其他的人，甚至汉代的董仲舒都被排除在外了。

那么，董仲舒、王安石、柳宗元等，它们不像法家，道家也不像，阴阳家也不像，他们像什么家呢？岂不是"无家可归"了吗？

毛泽东在"文革"中，把柳宗元和王安石封为法家，但大部分学者并不同意。而《汉书》里头写得清清楚楚，董仲舒为"群儒之首"，是儒家的首领。这样看来，牟宗三等人的儒家定义未免太狭窄了。

其实，在传统中国，只要是读书人，一般都算是儒生，因为他们读的主要是"四书""五经"，受的是儒家教育，相信孔夫子所说的那一套。《儒林外史》描写的，林林总总，不都算"儒"吗？这是最广义的儒家。

所以虽然讨论了那么多，写了那么多的文章，什么是儒家却并不清楚。我今天是提问题，让大家注意这个概念，搞哲学的都喜欢重概念，提问题，但答案常常是错的。我的答案可能也如此。

我认为儒学是已融化在中华民族——称其为汉族、华人也好——的行为、生活、思想、感情的某种定势、模式，我称之为"文化心理结构"。我认为儒家最重要的是这个深层结构。

农民一直占中国人口的大多数，到现在还是一样。他们不一定知道孔夫子，也不拜孔夫子。但他们的生活方式、人生态度、价值取向、思想方式、情感表达，全部都受儒家影响。他们重视家庭生活、孝顺父母、祭拜祖先，慎终追远，这都是儒家思想，尽管他们本身不一定知道。他们的人生态度、生活方式，就是要很勤奋、不偷懒。所以，华人不管在哪里，一直都很勤快，都能够生根发展。印度的和尚是化缘过日子的，中国的和尚当然也化缘，但更强调自力更生，寺院有自己的土地，和尚本身也要干活。宋朝的百丈清规规定"一日不作，一日不食"，这恐怕就是儒家渗透进去了的。佛教讲爱护众生，挖土会杀害生命，也是罪过呀！儒家就没有这个问题，所以，一般农民、和尚不拜孔夫子，但还是接受了儒家。

中国人的价值观念非常重视此生，虽然也祭拜鬼神，其实是一个世界，天堂、地狱等等另一个世界事实上是为这个世界服务的。拜神求佛，是为了保平安、求发财、长寿，这与基督教是不一样的，所以，我说中国的神不只救灵魂，更重要是救肉体。有些宗教强调拯救灵魂，甚至认为必须折磨肉体才能得救，走入黑暗才能得救。但儒家不然，儒家不特别重视纯灵魂的拯救，我开玩笑说，中国人的负担很重，死了还有责任，保护活在世间的子子孙孙，死了也还是属于此世间的。这不是道家，也不是佛家的东西。但这些东西现在还保存下来，是重要的方面。

所以，我重视儒家，并不是因为它死了，要把它救活。以牟宗三为代表的现代新儒家说儒家死掉了，要救。我觉得情况恰好相反，正因为它还活着，我们才重视，要把无意识的变成意识的。老实说，如果真死了，凭几个知识分子是救不活的。

因此，儒学不能变成深奥难懂的哲学理论，变成少数人的东西，那意义不大，也失去了儒家的基本精神。儒家的基本精神恰好在于它对塑造民族的文化心理结构起了很大的作用。

中国人是很实际的，两个人吵架，调解人总说算了吧、算了吧！并不讲谁对谁错，和解了就行，不吵了就行。我小时感到奇怪，总要说个谁是谁非，到底是你对还是我对嘛！西方就不一样了，经常要上法庭，找律师，搞个是非判决，但上法庭有时搞得两败俱伤、人财两空。中国人一般不大愿意打官司，请中间人这边跑跑、那边跑跑，调解了事，以和为贵，是非不必要搞得太清楚！这倒是真正的儒家精神。

到底什么是"儒学"，我现在把这个问题提出来。上面自己的看法、意见也并非完全没有根据。梁漱溟先生说："孔子的学说不是一种思想，而是一种生活。"这句话看来简单，其实十分深刻。我上面所说的其实也就是这个意思。

儒家的重要性，即是在它塑造华人的生活方式、人生态度和价值观念上。儒家与其他的生活方式、价值观念相比当然也有它的弱点。

《儒林外史》里的那些儒生不就很丑陋吗？五四以来对儒家不是批判的很多吗？不是说"丑陋的中国人"吗？我愿再次强调，任何一种文化都有它的长处、短处，儒家也是一样。有人说儒家是最好的，明天就能拯救全世界。我看是头脑发烧。我们要认识到自己的长处、短处，它们不仅是书本、理论的东西，而是存在民族身上的活生生的长处、短处或缺点，你只要认识它，意识到它，你才可能知道怎么样去发挥长处，改变弱点。要不然你怎能改？怎能前进？我觉得研究儒学的意义就在此。从这个角度去回答"什么是儒学"，不是更有意思、更为重要吗？

（※节选自《杂著集·为儒学的未来把脉》，1996 年）

31 | 儒学是哲学还是宗教？

　　我现在要提的第二个问题是：儒家是哲学还是宗教？这是有争论的问题。有人认为是宗教，但大部分人认为是哲学，不是宗教。孔子没有说：我是上帝的儿子或天之子，他是普通人，"吾非生而知之者"，说得很明白。

　　他没有像耶稣一样创造奇迹，盲人的眼睛一摸就亮了。他老说：我只是好学。儒学没有人格神的观念，也没有宗教性的组织。孔子说"敬鬼神而远之"，他不否定、也不肯定鬼神存在，说"未知生，焉知死"；"未能事人，焉能事鬼"。孔子的态度很有意思，相当高明。这令我感到惊讶！因为到现在为止，科学也不能证明鬼神到底存不存在。

　　从这个角度来衡量的话，儒学的确不是宗教。

　　海内外学者因此认为，儒家就是哲学。我觉得这也有问题。儒家对一般的人民起的作用，不是哲学或哲学家，不论是苏格拉底、柏拉图、亚里士多德，还是康德、黑格尔等所能企及的。哲学主要对某些科学家、知识分子起影响。孔子不一样，他的学说有点像西方的《圣经》，很长的时间对一般老百姓起了重要的影响，像上面讲到的那些，就不是哲学家所能起的作用。

　　因此，说宗教儒家不是宗教，说哲学儒学不是哲学。西方哲学一般讲究理论系统，儒家却很少去构成真正的大系统，它讲究的是实践。所谓"礼者，履也"，功夫即本体等等。假如远离行为去构建一套理论体系，在儒家看来，是没有意义的。中国逻辑不发达也有这个原因在内。

西方哲学家，可以躲在房间里，想自己的，不管实际，理论本身就有它的意义。但是，不管是孟子、荀子以及后来的宋明理学，都反对这种态度。而且，他们的学说对人们日常生活也的确起了很大的作用。《颜氏家训》、《朱子家礼》、《治家格言》和曾国藩的家书等，都把儒学贯彻到日常生活中，管制着人们的行为、思维和生活。康德、黑格尔等西方哲学并不能管人的生活。所以儒学既不是宗教，也不是哲学，用西方宗教、哲学等这些概念来套便很难套上。

儒学可说是半宗教半哲学、亦宗教亦哲学，这牵涉到一系列的问题。例如西方哲学，从中世纪神学分化出来以后，主要成为一种思辨性的理论论证。儒学当然也讲理论，但更讲感情。

孔子在学生提出父母死后要守三年丧，会不会太久时，本可以有几个可能的回答：这是天的意志、上帝的要求，你必须这么做；或者说，这是政府的规定，必须遵循；或者说这是历来的习俗，必须服从，等等。但孔子偏偏不这么回答。他反问门徒：父母死了，不守丧你心里安不安？门徒回答：我安。孔子说安就不需要守了！

从这里可以看出，孔子不是把道德律令建立在外在的命令上，如上帝、社会、国家、风俗习惯等，而是建立在自己的情感上。他说，父母生你下来，也要抱你三年，父母过世了，不服丧，你心里安不安啊！孔子提出的是人性情感的问题。动物也有自然情感，雌虎、母鸡保护小虎、小鸡是自然现象。公鸡就不行了。动物长大后，就根本不理"父母"了。

但儒家却强调父慈子孝。这就不是自然情感，而是人性情感。儒家认为，人的一切、社会的一切，都应建立在这个基础上。这样就把情感提高到崭新的深度和极高的水平上，这是孔子的一大功绩。他把理性、智慧、道理的各种要求，建立在人性的情感上面。这就是我认为儒家不同于一般哲学思辨的重要特征。

这一点，过去很少人从根本理论上加以强调。儒学强调情理不能分隔，而是渗透交融和彼此制约着的。例如"理无可恕，情有可原"。同时强调情里面有理，理里面有情，"理"的依据是"情"，而"情"又必须符合理性，从而"理"不是干枯的道理，"情"不是盲目的情绪。所以，尽管儒学提倡忠、孝，却反对愚忠愚孝。

中国人喜欢讲合情合理。我上课讲儒学的下述原则时，外国学生听得笑了。我说，如果父亲生气，拿根小棍子打你，你就受不了吧！要是用大棍子，就赶快跑！这就是所谓的"小棍受，大棍辞"。我问他们：为什么？古人作过解释，父亲是一时气愤，真的打伤了孩子，父亲也伤心。孩子逃跑，反而真正"孝顺"了父亲，不逃反而是愚孝，你受伤，父亲心理也受伤，名声也不好。左邻右舍会说：这个父亲多么残忍啊！你逃得很有理的，不只保护你自己，也保护了你父亲。

孔、孟都讲"经"与"权"。"经"翻译成现代语言就叫原则性，基本原则必须遵守；另一方面，"权"是灵活性，要你动脑筋，要有理智，有个人的主动性。有经有权，才真正学到儒学。儒学不是一种理论的条条而已，在政治、经济、生活上都有用处，既讲原则性，也有灵活性。不是情感上的盲目服从，也不是非理性盲目信仰。君王或父亲都有犯错的时候，做臣子或做孩子的，都要考虑到这个问题。这跟日本的武士道不一样。中国在大事上强调过问是非。好像父亲、君主要你去杀一个人、打一个仗，也要考虑到对不对，日本武士道就只讲输赢，不问对错，盲目服从、信仰、崇拜，打输了就切腹自杀。

中国历史上有一些著名的关于刺客的故事，遇到好人杀不下手，不杀又对不起主人，就自杀了。他没有盲目的服从，儒家很赞赏。儒家有所谓"从道不从君"、"从义不从父"等说法，就是说服从道理比服从个人包括君、父重要。这是非常理性的态度。儒家没有并反对宗教性的狂热，但非常强调人的情感性的存在，并认为人的行动都以情感为基础。

儒家的好些基本观念、思想以至范畴，如仁、义、礼、敬、孝慈、诚信、恩爱、和睦等等，无不与情感直接间接相联系。

儒家强调情感，甚至把宇宙也情感化。天地（自然界）本来是中性的，老子说，"天地不仁，以万物为刍狗"。但儒家偏偏要给它一种肯定性的情感性质。你看，天地对你多好，赐给你生命，"天地之大德曰生"，"天行健，君子以自强不息"，你要努力才符合天地的规律。

儒家使世界充满着情感因素，我认为这点十分重要，"人性善"才因此产生，这与基督教传统不一样。

有人说，基督教才是中国人的前途，只有基督教能够救中国。当然，基督教在中国还有相当大的发展空间，信教的人会越来越多，但是，要中国人尤其是知识分子完全信奉基督教，我觉得会比较难。例如，对中国人来说，原罪说很难被接受：为什么我一生下来就有罪呢？为什么生命是一种罪过？我要去赎罪？中国人认为给予生命是一种幸福。所以，我说，相对于西方的罪感文化、日本的耻感文化，中国文化是乐感文化。

孔夫子在《论语》第一章说："学而时习之，不亦说乎？有朋自远方来，不亦乐乎？"这种快乐不是感官的快乐，不是因为我今天吃了螃蟹特别高兴，而是精神上的快乐。归根究底这还是一种包含理性的情感，是某种情理交融，可见儒家讲的理性是活生生的，带有人间情感的，与现实紧密联系在　起的理性。这也就是人性。儒家的根本问题就是建造完美人性的问题。

儒家这种实用理性和乐感文化始终讲究奋斗，讲究韧性、坚持，所以我说中国很少有彻底悲观主义者。自杀的中国文人比日本少，日本一位诺贝尔文学奖得主自杀了，在中国这大概很难发生。

中国人即使在困难时，总愿意相信前途美好，明天时来运转，所以只要坚持下去，好日子总会来。中国民族也好，海外的千万华人也好，因此能够经历各种艰难困苦而生存下来。孔子说："岁寒，然后知松柏之后凋"，就是这种儒学精神，也是中华文化的基本精神，它培养了一种人格、操守、感情、人生理想、生活态度。可见儒学虽然不纯粹是宗教，但它却包含着宗教的热情；儒学虽然不纯粹是哲学，但它却包含了哲学的理性。从哲学的角度来看，儒家是最讲实际、最重情感的；从宗教的角度来看，儒家是最宽宏、最讲理性的。这就是儒学的特点。

（※节选自《杂著集·为儒学的未来把脉》，1996 年）

32 | 实用理性

如果说，血缘基础是中国传统思想在根基方面的本源，那么，实用理性便是中国传统思想在自身性格上所具有的特色。先秦各家为寻求当时社会大变动的前景出路授徒立说，使得从商周巫史文化中解放出来的理性，没有走向闲暇从容的抽象思辨之路（如希腊），也没有沉入厌弃人世的追求解脱之途（如印度），而是执著人间世道的实用探求。以氏族血缘为社会纽带，使人际关系（社会伦理和人事实际）异常突出，占据了思想考虑的首要地位，而长期农业小生产的经验论则是促使这种实用理性能顽强保存的重要原因。中国的实用理性是与中国文化、科学、艺术各个方面相联系相渗透而形成、发展和长期延续的。中国古代常喜欢说某家源于某官。在我看来，似乎也可以说，中国实用理性主要与中国四大实用文化即兵、农、医、艺有密切联系。中国兵书成熟极早，中国医学至今有效，中国农业之精耕细作，中国技艺的独特风貌，在世界文化史上都是重要现象。它们与天文、历数、制造、炼丹等等还有所不同，兵、农、医、艺涉及极为广泛的社会民众性和生死攸关的严重实用性，并与中国民族的生存保持直接的关系。所以，我在这些文章中曾不断指出老子之于兵、荀易之于农、阴阳五行之于医、庄禅之于艺（首先是技艺）的联系，因为研究不够，可能有些牵强，然而中国实用理性的哲学精神与中国科学文化的实用性格，我以为是明显地有关系的。

从而，从哲学看，中国古代的辩证思想虽然非常丰富而成熟，但它是处理人生的辩证法而不是精确概念的辩证法。由于强调社会的稳定、人际的和谐，它们又是互补的辩证法，而不是否定的辩证法。它的重点在提示对立项双方的补充、渗透和运动推移以取得事物或系统的动态平衡和相对稳定，而不在强调概念或事物的斗争成毁或不可相容。中国古代也有唯物论唯心论之分，例如孟子与荀子，王阳明与王船山……，但由于主客体的对立和人我之分在中国古代哲学中并不占重要地位，唯物唯心之争就远未获有近代西方哲学认识论上的巨大意义。而像"气"、"神"、"道"、"理"等等，不仅仅是中国哲学而且还经常是中国整个文化中的基本范畴，有时便很难明确厘定它们究竟是精神还是物质。"气"可以是"活动着的物质"，也可以是"生命力"的精神概念。"神"、"理"、"道"似乎是精神了，然而它也可以是某种物质性的功能或规律。中国也讲认识论，但它是从属于伦理学的。它强调的主要是伦理责任的自觉意识，从孔子的"未知，焉得仁"到理学的"格物致知"，都如此。

就整体说，中国实用理性有其唯物论的某些基本倾向，其中我以为最重要的是它特别执著于历史。历史意识的发达是中国实用理性的重要内容和特征。所以，它重视从长远的、系统的角度来客观地考察、思索和估量事事物物，而不重眼下的短暂的得失胜负成败利害，这使它区别于其他各种实用主义。先秦各家如儒、墨、老、韩等都从不同角度表现了这种历史意识。到荀子、《易传》，则将这种历史意识提升为贯古今通天人的世界观。把自然哲学和历史哲学铸为一体，使历史观、认识论、伦理学和辩证法相合一，成为一种历史（经验）加情感（人际）的理性，这正是中国哲学和中国文化一个特征。这样，也就使情感一般不越出人际界限而狂暴倾泄，理智一般也不越出经验界限而自由翱翔。也正因为此，中国哲学和文化一般缺乏严格的推理形式和抽象的理论探索，毋宁更欣赏和满足于模糊笼统的全局性的整体思维和直观把握中，去追求和获得某种非逻辑、非纯思辨、非形式分析所能得到的真理和领悟。具有抽象思辨兴趣的名家和墨辩没能得到发展，到了汉代大一统意识形态确定后，实用理性的思维模式便随之确定，难以动摇了。唐代从印度引入为皇家倡导而名重一时的思辨性较强的佛教唯识宗哲学，也终于未能持久。中国实用理性的传统既阻止了思辨理性的发展，也排除了反理性主义的泛滥。它以儒家思想为基础构成了一种性格—思想模式，使中国民族获得了承续着一种清醒冷静而又温情脉脉的中庸心理：不狂暴，不玄想，贵领悟，轻逻辑，重经验，好历史，以服务于现实生活，保持现有的有机系统的和谐稳定为目标，珍视人际，讲求关系，反对冒险，轻视创新……。所有这些，给这个民族的科学、文化、观念形态、行为模式带来了许多优点和缺点。它在适应迅速变化的近现代生活和科学前进道上显得蹒跚而艰难。今天，在保存自己文化优点的同时，如何认真研究和注意吸取像德国抽象思辨那种惊人的深刻力量、英美经验论传统中的知性清晰和不惑精神、俄罗斯民族忧郁深沉的超越要求……，使中国的实践（用）理性极大跨越一步，在更高的层次上重新构建，便是一件巨大而艰难的工作。它也将是一个历史的漫长过程。

（※选自《中国古代思想史论·试谈中国的智慧》，1985 年）

33 | 乐感文化

　　中国实用理性不仅在思维模式和内容上，而且也在人生观念和生活信仰上造成了传统，这两者不可分割。西方《圣经》却上帝造人后，人背叛上帝，被逐出乐园而与命运相斗争。一般思想史喜欢说西方文化是所谓"罪感文化"，即对"原罪"的自我意识，为赎罪而奋勇斗争：征服自然，改造自己，以获得神眷，再回到上帝怀抱。《圣经·旧约》中描述的耶和华和撒旦的斗争，是心理上的巨大冲突，并非人世现实的纠纷，它追求的超越是内在灵魂的洗礼。虽然这种希伯来精神经由希腊世俗精神的渗入而略形缓和（《新约》以后），但是个体与上帝的直接精神联系，优越于其他一切世间（包括父母）的关系、联系和秩序这一基本模式始终未变。以灵与肉的分裂，以心灵、肉体的紧张痛苦为代价而获得的意念超升、心理洗涤以及与上帝同在的迷狂式的喜悦……，便经常是以个人为本位的西方"罪感文化"的重要环节。人们把人生的意义和生活的信念寄托于神（上帝），寄托于超越此世间的精神欢乐。这种欢乐经常必须是通过世间的个体身心的极度折磨和苦痛才可能获有。这是基督教以及其他好些宗教的特征。下面是看报偶然剪下的一则材料，具体细节不一定可靠，但它在表现自我惩罚以求超越的宗教精神上仍是可信的，特抄引如下：

　　　　据路透社报道，最近马来西亚有许许多多的印度教徒群集在吉隆坡附近一个大雾笼罩的石灰穴洞口上，庆祝泰波心节（悔过节），他们用利针戳穿自己的舌头，或将一支手指宽的铁杆穿过自己的脸颊，去击鼓和歌颂他们的家庭和朋友。他们用铁扣针、铁链和尖利凶器来"惩罚"自己，表示对神忏悔和诚心。这些教徒在进行这种活动的过程中都晕倒过去。

这只是一种较低级的宗教，远不及基督教的深邃精致。基督教把痛苦视作"原罪的苦果"，人只有通过它才能赎罪，才能听到上帝的召唤，才能达到对上帝的归依和从属，痛苦成了入圣超凡的解救之道。把钉在十字架鲜血淋漓的耶稣作为崇拜的对象，这种情景和艺术，在中国文化传统中便极少见，甚至是格格不入的。

这只是肉体的摧残，还有精神的磨折。陀思妥耶夫斯基小说中的那种"灵魂拷问"便是例子，它们都是要在极度苦痛中使人的精神得到超升。这种宗教精神在西方文化中非常重要。例如马克斯·韦伯（Max Weber）最著名的理论，便是清教徒的宗教信念使他们刻苦、节约、积累和工作，产生了资本主义。这在根本上说并不准确，但它毕竟强调表述了这种极端克己、牺牲一切以求供奉上帝的西方宗教精神对历史的巨大推动作用。中国虽然一直有各种宗教，却并没有这种高级的宗教精神。中国的实用理性使人们较少去空想地追求精神的"天国"；从幻想成仙到求神拜佛，都只是为了现实地保持或追求世间的幸福和快乐。人们经常感伤的倒是"譬如朝露，去日苦多"，"他生未卜此生休"，"又只恐流年暗中偷换"……。总之非常执著于此生此世的现实人生。如果说海德格尔认为人只有自觉地意识到他正在走向死亡才能把握住"此在"，他是通过个体的"此在"追求着"存在的意义"；实际上如同整个西方传统一样，仍然是以有一个超越于人世的上帝作为背景的话；那么孔子说"未知生，焉知死；未能事人，焉能事鬼"，死的意义便只在于生，只有知道生的价值才知道死的意义（或泰山或鸿毛），"生死"都在人际关系中，在你我他的联系中，这个关系本身就是本体，就是实在，就是真理。"鸟兽不可与同群，吾非斯人之徒而谁与？"自觉意识到自己属于人的族类，在这个人类本体中就可获有自己的真实的"此在"。因之，在这里，本体与现象是浑然一体不可区分的，不像上帝与人世的那种关系。这里不需要也没有超越的上帝，从而也就没有和不需要超越的本体。正如章太炎在驳斥康有为建立孔教所说："国民常性，所察在政事日用，所务在工商耕稼，志尽于有生，语绝于无验"，亦即"体用不二"。"体用不二"正是中国哲学特征"天人合一"的另一种提法。与印度那种无限时空从而人极为渺小不同，在中国哲学中，天不大而人不小，"体"不高于"用"，"道"即在"伦常日用"、"工商耕稼"之中，"体"、"道"即是"伦常日用"、"工商耕稼"本身。这就是说，不舍弃、不离开伦常日用的人际有生和经验生活去追求超越、先验、无限和本体。本体、道、无限、超越即在此当下的现实生活和人际关系之中。"天人合一"、"体用不二"都是要求于有限中求无限，即实在处得超越，在人世间获道体。

中国哲学无论儒、墨、老、庄以及佛教禅宗都极端重视感性心理和自然生命。儒家如所熟知，不必多说。庄子是道是无情却有情，要求"物物而不物于物"，墨家重生殖，禅宗讲"担水砍柴"，民间谚语说"留得青山在，不怕没柴烧"，等等，各以不同方式呈现了对生命、生活、人生、感性、世界的肯定和执著。它要求为生命、生存、生活而积极活动，要求在这活动中保持人际的和谐、人与自然的和谐（与作为环境的外在自然的和谐，与作为身体、情欲的内在自然的和谐）。因之，反对放纵欲望，也反对消灭欲望，而要求在现实的世俗生活中取得精神的平宁和幸福亦即"中庸"，就成为基本要点。这里没有浮士德式的无限追求，而是在此有限中去得到无限；这里不是陀思妥耶夫斯基式的痛苦超越，而是在人生快乐中求得超越。这种超越即道德又超道德，是认识又是信仰。它是知与情，亦即信仰、情感与认识的融合统一体。实际上，它乃是一种体用不二、灵肉合一，既具有理性内容又保持感性形式的审美境界，而不是理性与感性二分、体（神）用（现象界）割离、灵肉对立的宗教境界。审美而不是宗教，成为中国哲学的最高目标，审美是积淀着理性的感性，这就是特点所在。

自孔子开始的儒家精神的基本特征便正是以心理的情感原则作为伦理学、世界观、宇宙论的基石。它强调,"仁,天心也",天地宇宙和人类社会都必须处在情感性的群体人际的和谐关系之中。这是"人道",也就是"天道"。自然、规律似乎被泛心理(情感)化了。正因为此,也就不再需要人格神的宗教,也不必要求超越感性时空去追求灵魂的永恒不朽。永恒和不朽都在此感性的时空世界中。你看,大自然("天")不是永恒的么?你看,"人"(作为绵延不绝的族类)不也是永恒的么?"天地之大德曰生","生生之谓易"。你看它们(天地人)不都在遵循着这同一规律("道")而充满盈盈生意么?这就是"仁",是"天",是"理",是"心",是"神",是"圣",是"一"……。中国哲学正是这样在感性世界、日常生活和人际关系中去寻求道德的本体、理性的把握和精神的超越。体用不二、天人合一、情理交融、主客同构,这就是中国的传统精神,它即是所谓中国的智慧。如前面所多次说过,这种智慧表现在思维模式和智力结构上,更重视整体性的模糊的直观把握、领悟和体验,而不重分析型的知性逻辑的清晰。总起来说,这种智慧是审美型的。

因为西方文化称为"罪感文化",于是有人以"耻感文化"("行己有耻")或"忧患意识"("作易者其有忧患乎")来相对照以概括中国文化。我以为这仍不免模拟"罪感"之意,不如用"乐感文化"更为恰当。《论语》首章首句便是,"学而时习之,不亦说乎;有朋自远方来,不亦乐乎。"孔子还反复说,"发奋忘食,乐以忘忧,不知老之将至云耳","饭疏食饮水,曲肱而枕之,乐亦在其中矣。"这种精神不只是儒家的教义,更重要的是它已经成为中国人的普遍意识或潜意识,成为一种文化—心理结构或民族性格。"中国人很少真正彻底的悲观主义,他们总愿意乐观地眺望未来……"

因之,"乐"在中国哲学中实际具有本体的意义,它正是一种"天人合一"的成果和表现,就"天"来说,它是"生生",是"天行健"。就人遵循这种"天道"说,它是孟子和"中庸"讲的"诚",所以,"诚者,天之道也;诚之者,人之道也",而"反身而诚,乐莫大焉"。这也就是后来张载讲的"为天地立心",给本来冥顽无知的宇宙自然以目的性。它所指向的最高境界即是主观心理上的"天人合一",到这境界,"万物皆备于我"(孟子),"人能至诚则性尽而神可穷矣"(张载):人与整个宇宙自然合一,即所谓尽性知天、穷神达化,从而得到最大的快乐的人生极致。可见这个极致并非宗教性的而毋宁是审美性的。这也许就是中国乐感文化(以身心与宇宙自然合一为依归)与西方罪感文化(以灵魂归依上帝)的不同所在吧?包括鲁迅,也终于并不喜欢陀思妥耶夫斯基,这大概不会是偶然吧?我们今天应继续沿着鲁迅的足迹前进。鲁迅一生不遗余力地反国粹,斥阿Q,要求改造国民性,而其灵柩上却毫无所愧地覆盖着"民族魂"的光荣旗帜。坚决批判传统的鲁迅恰恰正代表着中国民族开辟新路的乐观精神:"日新之谓盛德","日日新,又日新"。现在的问题是不能使这种所谓"乐观"和开拓变为一种浅薄的进化论、决定论,而应该像鲁迅那样在吸取外来文化影响下所生长和具有的深沉的历史悲剧感、人类命运感……。这样,它才真正具有现代型的无可抵挡的乐观力量。

由于"乐感文化"所追求的"乐"并非动物式的自然产物,而是后天修养的某种成果。它作为所谓人生最高境界,乃是教育的功效,所以儒家无论孟、荀都主学习、重教育;或用以发现先验的善(孟),或用以克制自然的恶(荀)。它们所要求的人格塑造以仁智统一、情理渗透为原则,实际是孔子仁学结构向教育学的进一步的推演。一方面它要求通过培育锻炼以达到内在人格的完成和圆满;另一方面,由于肯定人生世事,对外在世界和现实世事的学习讲求,也成为塑造的重要方面和内容。"我善养吾浩然之气"与"博施济众"从内外两方面以构成所追求的完整人格即构造个体主体性。这也就是所谓"内圣外王之道"。

如果说,孟子、《中庸》和宋明理学在"内圣"人格的塑造上作了贡献的话,那么荀、易、董和经世致用之学则在培养人格的"外王"方面作出了贡献。所谓"现代新儒家"轻视或抹杀后一方面,并不符合思想史和民族性格史的历史真实。我之所以要强调荀子,并一直讲到章学诚，也是针对"现代新儒家"而发的。

儒学之所以成为中国传统思想主干的另一原因，如同中国民族不断吸收融化不同民族而成长发展一样，还在于原始儒学本身的多因素多层次结构所具有的包容性质，这使它能不断地吸取融化各家，在现实秩序和心灵生活中构成稳定系统。由于有这种稳定的反馈系统以适应环境，中国思想传统一般表现为重"求同"。所谓"通而同之"，所谓"求大同存小异"，它通过"求同"来保持和壮大自己，具体方式则经常以自己原有的一套解释、贯通、会合外来的异己的东西，就在这种会通解释中吸取了对方、模糊了对方的本来面目而将之"同化"。秦汉和唐宋对道、法、阴阳和佛教的吸收同化是最鲜明的实例。引庄入佛终于产生禅宗，更是中国思想一大杰作。在民间的"三教合流"、"三教并行不悖"、孔老释合坐在一座殿堂里……，都表现出这一点。中国没有出现类似宗教战争之类的巨大斗争，相反，存别异求共同，由求同而合流。于是，儒学吸取了墨、法、阴阳来扩展填补了它的外在方面，融化了庄、禅来充实丰富了它的内在方面，而使它原有的仁学结构在工艺—社会和文化—心理两个方面虽历经时间的推移变异，却顽强地保持、延续和扩展开来。而这也正是中国智慧中值得注意的一个特色。也许，这正是文化有机体通过同化而生长的典型吧。

大体来看，中国传统思想的哲学方面经历了五个阶段。在先秦，主要是政治论的社会哲学，无论是儒、墨、道、法都主要是为了解答当时急剧变化中的社会基本问题，救治社会弊病。在秦汉，它变化为宇宙论哲学。到魏晋，则是本体论哲学。宋明是心性论哲学。直到近代，才有谭嗣同、章太炎、孙中山的认识论哲学。而在这所有五个阶段中，尽管各有偏重，"内圣外王""儒道互补"的实用理性的基本精神都始终未被舍弃。孙中山提出"知难行易"学说，开始在认识论上有真正重视知性的近代趋向，但远远没能得到充分发展。

马克思主义输入中国后，中国传统意识形态产生了迅速的改变。但是，为什么马克思主义会这样迅速地和忠挚地首先被中国知识分子而后为广大人民所接受信仰？这便是一个很值得思考的问题。当然，主要原因在于中国现代救亡图存即反帝反封建的紧急的时代任务，使进步的知识分子在经历了许多挫折和尝试错误之后，选择和接受了这种既有乐观的远大理想和具体的改造方案，又有踏实的战斗精神和严格的组织原则的思想理论。马克思主义的实践性格非常符合中国人民救国救民的需要。但是，中国传统的民族性格、文化精神（亦即文化心理结构）和实用性是否也起了某种作用呢？重行动而富于历史意识，无宗教信仰却有治平理想，有清醒理智又充满人际热情……，这种传统精神和文化心理结构，是否在气质性格、思维习惯和行为模式上，使中国人比较容易接受马克思主义呢？以前一些人常说，马克思主义不适合中国国情，但实际的事实却并不如此，马克思主义不仅在中国成功地领导和完成了一场翻天覆地的农民战争，在整个中国社会中生了根，而且在这个过程中，从毛泽东的军事政治战略到刘少奇的个人修养理论，到邓小平的"实事求是是毛泽东思想的精髓"和"两个文明"（物质文明和精神文明）的提法，已经使马克思主义很大程度上中国化，即与中国社会的实际、思想意识的实际结合起来了。因之，如果将马克思主义与许多其他一种近现代哲学理论如新实在论、分析哲学、存在主义等等相比较，马克思主义对中国人也许是更为亲近吧?!这也说明马克思主义在中国结合传统，进一步中国化非偶然插曲，而将成为历史的持续要求。相反，那些过度繁琐细密的知性哲学（如分析哲学）、极端突出的个体主义（如存在主义），对中国人的心理结构和文化传统倒是相距更为遥远和陌生。我们可以吸收融化其中许多合理的东西（如严格的语言分析、思辨的抽象力量、个体的独立精神等等），但并不一定会被它们所同化，倒可能同化它们。所以，即使从中国思想历史的传统看，也似乎不必过分担心随着现代化的来临，许多外来思潮如存在主义等等将席卷走中国的一切；相反，我们应该充满民族自信去迎接未来，应该更有胆量、更有气魄和智慧去勇敢地吸取外来文化和融化它们。

（※节选自《中国古代思想史论·试谈中国的智慧》，1985 年）

34 | 天人合一

　　但是，应该重复说一次，中国思想传统有着自己的重大缺陷和问题，实用理性正面临着严重的挑战。如前所述，挑战首先来自社会的迅速发展和变迁，从新石器时代以来历史久远的家庭农业小生产和血缘纽带将宣告结束；现代化的进程要求扫清种种封闭因循、消极反馈的行为模式和生活模式，高度发达的自然科学要求舍弃局限于经验论的思想模式……。除了经济发展所带来的社会秩序的变异和生活模式的变革，从而引起与传统思想和传统模式的冲突变革外，文化本身所带来的价值观念的矛盾、冲突和重新估计，也将日益突出。其中个体的重要性与独特性的发展，心理的丰富性、复杂性的增加，使原有的所谓"内圣外王之道"和"儒道互补"成了相对贫乏而低级的"原始的圆满"，而远远不能得到现实生活发展中和精神超越中的满足。缺乏独立个性的中国人如今有了全新人格的追求。捆绑在古典的和谐、宁静与相对稳定中，避开冒险、否定和毁灭，缺乏个体人格的真正成熟的历史时期已成过去，以弗洛伊德等理论为基础的自由放纵倾向、与之相反要求回归上帝的神秘宗教倾向，以及追求离群流浪、单独承担全部精神苦难的"绝对"个性……，可能成为从各个方面对中国传统意识的挑战。中国传统思想和心理结构往何处去？是保存还是舍弃？什么才是未来的道路？如本文所一再认为，正是今天需要加以思索的问题。

　　关于中国社会和中国文化出路的争论，从清末到今天已经延续了一百年。"中体西用"和"全盘西化"是两种最具代表性而且至今仍有巨大影响的方案。清末主张"中体西用"的洋务派，要求只采取现代科技工艺而排斥与这些很难分割的西方的价值观念和政经体制，终于没有成功。以后的"中国文化本位"论则影响更小。主张"全盘西化"的胡适、吴稚晖等人要求彻底抛弃和否定中国既有的文化—心理的各种传统，一切模拟西方，但也应者寥寥，并无结果。殷海光在台湾坚持这一主张，也不成功。实际上，中国现代化的进程既要求根本改变经济政治文化的传统面貌，又仍然需要保存传统中有生命力的合理东西。没有后者，前者不可能成功；没有前者，后者即成为枷锁。其实这就是我们今天讲的"马克思主义中国化"、"中国化的社会主义道路"；如果硬要讲中西，似可说"西体中用"。所谓"西体"就是现代化，它是社会存在的本体。它虽然来自西方，却是全人类和整个世界发展的共同方向。所谓"中用"，就是说这个现代化进程仍然必须通过结合中国的实际（其中也包括中国传统意识形态的实际）才能真正实现。这也就是以现代化为"体"，以民族化为"用"。因为"体""用"两者本是不可分离地结合在一起的，从而如何尽量吸取消化外来一切合理东西，来丰富、改造和发展自己，便是无可回避的现实课题。

这似乎是老生常谈，卑之无甚高论；实际却是艰巨的历史工作，需要我们作出长期的和各种具体的努力。即使在理论上也需要提出许多命题来分门别类地研究探讨。其中，研究表现在传统思想中的文化心理结构如何适应、转换和改造才可能生存和发展，便是本书想要讨论的问题。我试图一分为二地描述剖析以儒家为主干的中国传统思想的某些现象，如上述的心理结构、血缘基础、实用理性、儒道互补、乐感文化、天人合一等等。

"天人合一"便是一个十分复杂的问题。中国"天人合一"观念源远流长，其来有自。大概自漫长的新石器农耕时代以来，它与人因顺应自然如四时季候、地形水利（"天时""地利"）而生存和发展有密切的关系，同时，这一时期尚未建立真正的阶级统治，人们屈从于绝对神权和绝对王权的现象尚不严重，原始氏族体制下的经济政治结构和血亲宗法制度使氏族、部落内部维持着某种自然的和谐关系（"人和"即原始的人道、民主关系）。这两个方面大概是产生"天人合一"（人与自然、个体与群体的顺从、适应的协调关系）观念的现实历史基础。从远古直到今天的汉语的日常应用中，"天"作为命定、主宰义和作为自然义的双层含义始终存在。在古代，两者更是混在一起，没有区分。从而在中国，"天"与"人"的关系实际上具有某种不确定的模糊性质，既不像人格神的绝对主宰，也不像对自然物的征服改造。所以，"天"既不必是"人"匍匐顶礼的神圣上帝，也不会是"人"征伐改造的并峙对象。从而"天人合一"，便既包含着人对自然规律的能动地适应、遵循，也意味着人对主宰、命定的被动地顺从崇拜。

"天人合一"观念成熟在先秦。《左传》中有许多论述，孔、孟、老、庄……都从不同角度不同方面提出了这种观念。无论是积极的或消极的，它们都强调了"人"必须与"天"相认同、一致、和睦、协调。值得注意的是，这一认同恰好发生在当时作为时代潮流的理性主义兴起、宗教信仰衰颓之际。这种"天人合一"观念既吸取了原宗教中的天人认同感，又去掉了它原有的神秘、迷狂或非理性内容，同时却又并未完全褪去它原有的主宰、命定含义，只是淡薄了许多；其自然含义的方面相对突出了。

"天人合一"在董仲舒及其他汉代思想系统中扮演了中心角色，其特征是具有反馈功能的天人相通而"感应"的有机整体的宇宙图式。这个宇宙论的建构意义在于，它指出人只有在顺应（既认识又遵循）这个图式中才能获得活动的自由，才能使个体和社会得以保持其存在、变化和发展（或循环）。这种"天人合一"重视的是国家和个体在外在活动和行为中，与自然及社会相适应、合拍、协调和同一。

如果说，汉儒的"天人合一"是为了建立人的外在行动自由的宇宙模式，这里"天"在实质上是"气"，是自然，是身体的话；那么宋儒的"天人合一"则是为了建立内在伦理自由的人性理想，这里的

"天"则主要是"理"，是精神，是心性。所以前者是宇宙论即自然本体论，后者是伦理学即道德形而上学。前者的"天人合一"是现实的行动世界，"生生不已"指的是这个感性世界的存在、变化和发展（循环）；后者的"天人合一"则是心灵的道德境界，"生生不已"只是对整体世界所作的心灵上的情感肯定，实际只是一种主观意识的投射，不过是将此投射提高到道德本体上来了，即将伦理作为本体与宇宙自然相通而合一。它把"天人合一"提到了空前的哲学高度，但这个高度是唯心主义的。"天人合一"的感性现实面和具体历史性被忽略以至取消了。值得注意的是，无论在汉儒那里或宋儒那里，无论"天"作为"气"的自然或作为"理"的精神，虽然没有完全去掉那原有的主宰、命运含义，但这种含义确乎极大地褪色了。汉儒的阴阳五行的宇宙论和宋儒的心性理气的本体论从内外两个方面阻碍了"天"向人格神的宗教方向的发展。

如果今天还保存"天人合一"这个概念，便需要予以"西体中用"的改造和阐释。它不能再是基于农业小生产上由"顺天""委天数"而产生的"天人合一"（不管这是唯物论的还是唯心论的，不管是汉儒的还是宋儒的），从而必须彻底去掉"天"的双重性中的主宰、命定的内容和含义，而应该以马克思讲的"自然的人化"为根本基础。马克思主义源于西方。在西方近代，天人相分、天人相争即人对自然的控制、征服、对峙、斗争，是社会和文化的主题之一。这也突出地表现在主客关系研究的哲学认识论上。它历史地反映着工业革命和现代文明：不是像农业社会那样依从于自然，而是用科技工业变革自然，创造新物。但即在这时，一些重要的思想家，马克思是其中的先行者，便已注意到在控制、征服自然的同时和稍后，有一个人与自然相渗透、相转化、相依存的巨大课题，即外在自然（自然界）与内在自然（人作为生物体的自然存在和他的心理感受、需要、能力等等）在历史长河中人类化（社会化）的问题，亦即主体与客体、理性与感性、人群与个人、"天理"（社会性）与"人欲"（自然性）……，在多种层次上相互交融合一的问题。这个问题也就是历史沉入心理的积淀问题。就是说，它以近代大工业征服自然改造自然之后所产生的人与自然崭新的客观关系为基础，这个崭新关系不再是近代工业初兴期那种为征服自然而破损自然毁坏生态的关系，而是如后工业时期在物质文明高度发达的同时恢复自然、保护生态的关系，从而人与自然不再是对峙、冲突、征服的关系，而更应是和睦合一的关系；人既是自然的一个部分，却又是自然的光环和荣耀，是它的真正的规律性和目的性。这是今天发达国家后工业社会所要面临解决的问题，也是发展中国家所应及早注意研究的问题。而这，恰好就是"天人合一"的问题，是这个古老命题所具有的现代意义。它显然只有在我所理解的马克思实践哲学的基础上才可能得到真正的解答。

鲁迅说，读中国书常常使人沉静下来。我认为，包括上述中国传统思想中的人生最高境界的审美也具有这方面的严重缺陷。它缺乏足够的冲突、惨厉和崇高（Sublime），一切都被消融在静观平宁的超越之中。因之，与上述物质实践的"大人合一"相对应，今日作为人生境界和生命理想的审美的"天人合一"，如何从静观到行动，如何吸取西方的崇高和悲剧精神，使之富有冲破宁静、发奋追求的内在动力，便又仍然只有把它建立在上述人化自然的理论基础之上，才能获得根本解决。这就是把美和审美引进科技和生产、生活和工作，不再只是静观的心灵境界，而成为推进历史的物质的现实动力，成为现代社会的自觉韵律和形式。只有在这样一个现实物质实践的基础上，才可能经过改造而吸收中国"参天地，赞化育"的"天人合一"的传统观念，真正实现人与自然（作为生态环境的外在自然）的和谐相处和亲密关系；与此同时，人自身的自然（作为生命情欲的内在自然）也取得了理性的渗透和积淀。外在和内在两方面的自然在这意义上都获得了"人化"，成为对照辉映的两个崭新的感性系统，这才是新的世界、新的人和新的"美"。这就是我所理解和解释的"自然的人化"或"天人合一"。

（※节选自《中国古代思想史论·试谈中国的智慧》，1985 年）

35 | "度"的艺术

　　作为"中庸之道"的"中国辩证法"的基本特征，如我以前所申说，在于把握"度"（适当的比例、关系和结构）来处理一切问题。它既不是"一分为二"的斗争哲学，更不是"合二而一"的"全赢全输"（一方吃掉一方）。

　　我仍然欣赏美国人类学家 C. Geertz 的看法。他说，"人群有诞生日，个体没有"（"Men have birthdays, but man does not"），同时又说："成为人就是成为个体"（"Becoming human is becoming individual"）。也就是说，从历史根源说，没有脱离人群而独立出现的个体，从而自由派的理论基石并不成立。另方面，从现实说，历史发展到今天，今天的个体权益，特别是今后如何实现和发展个体所独具的潜能、才智、性格，已成为人之为人的所在，即今日成为人，也就是成为一个"自己"。而这，却又是民粹派或社群主义的理论所忽视或否认的。当然，这只是我个人对 Geertz 此言的解释，但我以为这可以比较好地纠正上述两派根本理论上的缺失。即从历史说，从历史渊源和人类根由说，有比个体权益更高的价值。社会历史和道德义愤之所以能如此激奋人心，伦理主义之所以能成为独立本体，具有强大力量，其故在此。但从现实说，即从历史发展到今天说，革命年代已过，个体利益突出，千家万户都在追求物质生活（衣食住行）的改善。为此改善，都在要求经济自由、政治民主，特别是企业家资本家们。我之所以赞成吸取自由主义许多具体要求，不在意它的基本理论的谬误，也就因为它符合今日历史潮流，这也就是历史主义的精神。今天中国人作为人必须从各种传统的、他属的束缚下尽可能地解放出来。虽然，人及其活动、思想、情感等等都始终是他们所属的人际环境和历史传统下的产物，但今天不能因反对原子个人主义而退回到以"社群"、"人民"、"国家"、"阶级"或某种"新集体主义"为基础上去。相反，仍应进一步研究如何发展个体独特性，以此为根本基地，来考虑今后的集体（包括各种社群及民族、国家）走向和历史发展。

正是在这一理论前提下，我提出了"告别革命"的"四顺序"说，即如何处理经济发展、个人自由、社会正义、政治民主这四大问题（或四个方面）在中国现代化过程的关系。我并不把这四个方面看作截然划开的历史阶段，但认为它们虽是相互渗透、紧相联系，却又仍可分出轻重缓急先后顺序（包括时间顺序）的课题、工作和"任务"。这个"顺序论"遭到了两派以及其他方面的猛烈攻击，特别是我将"经济发展"（当然是指市场经济）列于首位，将"政治民主"置于最后，更成为众矢之的。它被批判为"拥抱专制"（自由派）和"背叛人民"（民粹派）。

本来，把"经济发展"列为首位，应该与自由派不冲突，但由于根本理论有异，我的出发点是原典马克思主义（经济特别是生产力〔科技、工具〕是社会基础）和原典儒学（"盍反其本矣……五亩之宅，树之以桑"），而不是"原子个体"、"天赋人权"、"社会契约"、"普遍原理"之类的西方论调，便理所当然地为自由派不容。"个人自由"，两派当然都不反对，但与两派不同，我着重论说的是，个人自由并非先验原则，它必须是由市场经济发展所带来的现实或要求才有意义。例如今天之所以能比五六十年代，个人有了更多的婚姻、迁徙、就业、居住等自由，减少了定量消费（粮票、油票、肉票、布票）等等的不自由，正是经济发展所带来的社会"必然"变化。当然，我从不认为所有自由都可随经济发展而自发产生，而只是说，现代化的市场经济的发展将为争取各种自由创造必要条件和客观基础。但由可能性变为现实性，却仍然需要人们的主观努力。例如今天我们已有口头言语的自由，但还缺乏其他一些方面的自由，需要人们自觉争取而不是坐视等待。而且，所谓"个人自由"，不仅需要从残存的过去旧体制下，而且也必须从可能已有萌芽的新生黑体制（如城市的黑社会和农村复辟的宗族制）变相统治下争取出来。

第三项社会正义，为民粹派所强调，自由派基本采取回避态度。"社会主义"应该是社会正义最突出最显明的代表，它的精神在20世纪内已浸入各种政治、经济体制中，但把它作为重要旗号，则是20世纪的共产主义运动。在中国，毛泽东一直把它列为现代化行程的首位，把平等的理想非常具体地化为革命和建设的实践原则。正是为了避免贫富分化，在农村批判"发家致富"，全面推广高级合作社；正是为了"共同富裕"，早日"进入共产主义"，而大办人民公社；正是为了反对"官僚主义者阶级"，发动"文化大革命"，大反"资产阶级法权"，大整"精神贵族"的知识分子。毛一直希望迅速消灭城乡差别、体脑分工，幻想取缔八级工资制，废除货币和分工（如"五七"干校、"学工"、"学农"、"学军"）等等。这远非经济发展的要求，当然更置个人自由于脑后。这个毛式"社会主义"的理想曾经极大地鼓舞过中国人民、知识分子以及西方左派，但结果如何，大家清楚。没有现代经济发展和个人自由前提下的社会正义和追求平等，可以将社会弄到何等地步。可惜殷鉴未远，已被忘却。

最为两派诟病和批判的是，我把政治民主置于末位。这里所谓"政治民主"指的是被认为具有普遍价值的多党制、议会制、普选等西方现代民主体制。我一直认为，这并不是中国当务之急。没有前面三项作为客观前提，所谓"政治民主"如不是对广大人民并无意义（如印度）；便是极不牢固，一夜之间便可踪影全无（如非洲、南美各种走马灯式的民主和军事独裁的交替）；或者就是为黑（黑社会）金（金钱）所操纵和控制。从世界史的经验看，俄罗斯（20世纪初的改革和80年代戈尔巴乔夫的改革）、伊朗（20世纪50年代的改革）以及菲律宾、海地（20世纪80年代、90年代），都因置政治民主于首位，未事先适当解决经济发展、个人自由和社会正义问题，于是或引发革命，使社会倒退或长期动荡；或造成无政府状态，生产瘫痪，经济直线下降；总之，人民困穷，国家贫弱，悲惨至今。所以，我以为中国的"政治民主"，如同它的"经济发展"一样，需要寻求一条自己的改良之路：循序渐进，扩展人权，司法独立。其中，渐进地有序地开放舆论，逐步实现言论自由，监督行政权力，便是当前有效的民主之路。而这，也正是第二项"个人自由"的题中应有之义。这有如我一开头所说明，"四顺序"是"相互渗透"，而非四大分色，彼此独立的。总之，简单说来，基本分歧在于：自由派和民粹派始终反对将经济发展列为首位，一个要求立即实行政治民主，一个激烈呼吁社会正义；我则仍然强调经济发展第一，但日益重视在经济发展基础上个人自由问题。我一直以为只有经济发展是无可争辩的"硬道理"，其他均属有条件可讲的"软道理"。

这四项既是相互渗透并非截然划开的独立时段，它只有轻重缓急的先后顺序，而且这"轻重缓急的先后顺序"也只是就整体、一般而言，并非机械的僵硬规定，它随具体事例具体情况仍有一定的灵活性和变异性。因此，在不同时间不同问题上，如何掌握四者之间错综复杂的关系，便成为关键所在。这也就是我所强调的"度"的艺术。民粹派夸张当今社会的不公正、非正义，宣扬后现代主义的相对性、特殊性等等；自由派夸张市场经济、政治民主的合理性，宣扬启蒙主义的客观性、普遍性，等等，我都以为是"失度"。因之，如何将这四者在理论上研究、认识，在实践上处置、安排得"恰到好处"，使其比例合适，结构合宜，并且随时间和问题的不同而随时调整，使四者关系既不失顺序，又处在不断的微调变化之中，从而使国家与社会、效率与公平、自由与平等、民族利益与国际合作……等等关系也得到稳定的动态安排，便是关键所在。例如，在今日经济发展中，如何注意"社会正义"等方面应有的制约，而不像自由派所主张的全盘西化式的休克疗法和放任自由，便并无理论公式或历史范例可沿用。凡此种种，只有"摸着石头过河"，努力总结经验，作各种创造性的具体探究和实验示范。这也就是我所谓的"西体中用"和"转化性的创造"。今天，理论的"失度"似乎也是一个问题，在学院语言将问题不必要地繁复化的论证下，把本来明确清楚的事情弄得模糊甚至倒转了，这对实践极为不利。从而"度的艺术"也适用于今日理论领域。可见，如果问谁来掌握这个"度"？答案便是政府与老百姓共同掌握，通过舆论、法律等形式形成彼此协调，良性互动；而理论工作者于此更有责任。

总之，我所以强调"四顺序"和"度"，是希望今天和今后能使历史与伦理的二律背反的悲剧性虽不可避免，却应尽可能减少到最低限度。中国儒家的"中庸之道"，本就是追求杂多、矛盾中的比例协调，关系恰当，结构合适，形成"中"、"和"，从而使社会相对和谐地平稳发展，以减缓严重的悲剧对抗。但是，在以不和谐、不均衡、不稳定为特征的自由派主张资本主义"普遍性"原则看来，这是否会成为某种大逆不道的反历史的挑战呢？

于是，该回到历史悲剧问题了。就世界史看，如福山（Fukuyama）所说，自1806年耶拿战役后，历史已终结，即近代民主政制将无可避免地征服全世界。尽管历史仍有反复，仍有倒退，仍有残酷激烈的斗争、战争和革命，但从千百年的宏观历史说，走向物质生活的繁荣富裕，从而自由民主政体的胜利，乃为"大势所趋"、"大局已定"。这个被自由派斥为"浅薄的乐观主义"、被民粹派斥为"资本主义辩护士"的"简单"观点，如果置放在马克思主义（即认为现代科技和经济在社会发展中起决定性作用）的基础上，去掉那"最初的人"的黑格尔式的精神幻想，我以为，仍是可以成立的。在这意义上，今天为中国民粹派所高扬的贫富、宗教、文化的严重冲突，也将像历史河流中有过的壮观涟漪一样，最终仍将消失。于是那"最后的人"出现了：享有着物质供应的富裕，没有战争和革命的血腥，生活单调无聊，生命意义不可知晓。血腥的战争和革命曾经把人的伦理精神发挥到极致，它所拥有的至高无上的崇高力量，在历史主义全面胜利后的散文生活世界里，又到哪里去寻找呢？当然，在日常生活中，在与大自然的关系中，仍会有各种灾难和危险，在那里仍可以找到它，但毕竟不可能如以前那么灿烂辉煌了。当然，对全世界绝大多数人来说，目前历史并未终结，那种"没有血腥的无聊生活"也为期尚远；为争取富裕的物质生活和自由平等的民主体制，仍然指望着人们的英雄气概。但战争和革命的年代毕竟过去，今天即使大肆鼓吹的伦理精神，也大半成了那个为发家致富而不畏艰险运鸡蛋的故事。旧伦理规范已经逝去，新规范未及建立。上帝死了，人可以胡来。散文时代失去了英雄，迎来的是后现代的颓废。

历史本是集体事业，伦理却是个体精神。经济以数字，文艺以形象，分别代表两者诉诸人的理知和情感。经济愈全球一体，生活愈同质化，消费文化愈发达，活得愈繁荣、富裕、"快乐"，人便愈要反抗各种异化。个体愈益成为权力机器（科技机器和社会机器）的附属品，也将愈发现自己这只一次的生存是如此之珍贵和无可替代。从而，多元的文化、信仰和精神世界，并不会因物质生活同质性的历史终结而同质而终结。也许，未来世界在"为科学而科学、为艺术而艺术"中，在"以美启真"、"以美储善"中，可以去寻找历史与伦理的某种统一？尼采在 20 世纪初鼓吹肉体生存和超人英雄，至今激动人心。尼采要求超越善恶，反抗平庸，成了抵抗历史的伦理命令。看来，人性（human nature）与人文（human culture）的一致和冲突所包含的这个二律背反，还将有一个漫长复杂的展示路程。于是，人随着历史，仍将在悲剧中踉跄前行，别无选择。

（※节选自《己卯五说·说历史悲剧》，1999 年）

辑四　哲思短语60则

1

我以为，不止在中国，而且在全世界，教育问题将日益迫切。下个世纪以后将日益成为以教育为中心的时代，人文知识的责任就更重大。这也就是我所希冀的"第二次文艺复兴"。第一次文艺复兴是回归古典希腊，从神的统治下解放出来，提出了人性问题。这次文艺复兴则可能回归古典东方，从机器的统治下解放出来，重新确立人性。这也就是我讲的"西体中用"的遥远前景。这样，也才能使这个拥有世界人口四分之一的广阔土地上出现一条真正的新路，从而对整个人类文明作出贡献。

（《再说西体中用》，1995 年）

2

主要借助教育，关于人性的教育，关于人类本体性的教育。这一观念不仅仅来源于卢梭、席勒和马克思。比如，孔子就强调教育的重要地位。但是，可惜的是今天的教育很不重视人文，一味强调作为各种专家学者的职业和技能训练。这对于我们知识分子和教育工作者来说，是一项十分现实的任务。

（《与杰姆逊的对谈》，1994 年）

3

"师者，所以传道，授业，解惑也"（韩愈）。"传"什么"道"，"授"什么"业"，"解"什么"惑"？我以为，从中国传统来说，这指的是历史的经验教训。经验的历史主义不仅是中国实用理性的特性，而且也是中国整个文化的特征。"师"的真实意义就在这里。对历史、对历史人物、历史事件、历史经验教训的认识、理解和情感，从甲骨、金文的记述到诗词歌赋中的大量怀古、咏史，就都在这个"师"的范围之内。培育对历史经验教训无可否认的绝对性情感，正是摒弃各种相对主义的重要方式。它是值得倡导的宗教性私德内容之一。

（《历史本体论》，2002 年）

4

有一次与两位年轻记者谈话时，我偶然说到，自己不写五十年前可写的书，不写五十年后可写的书。这被记者们发表了。其实，人各有志，不必一样。……对于创造性思维来说，见林比见树更重要。我只希望我这种尽管粗疏却打算"见林"的书，能对具有创造情怀的年轻一代有所启发或助益。

（《中国古代思想史论·后记》，1985 年）

5

最重要的是人要发现自己的潜能到底在哪里。这样你就也许能找到你的生命意义到底在哪里。实现个人潜在的一切，那就是最愉快的事情。

（《浮生论学》，2002 年）

6

我之所谓好书，除了那些能直接影响人的情感、理想、意志者外，大抵还可分两类：一类是资料丰富而不烦琐，读后使人眼界开阔，知识增多；一类是时有新见，益人神智，即具有启发性。当然有的好书兼此二美，不过较为少见。

（《推荐〈科学研究的艺术〉》，1984 年）

7

学术风格与人品、人格以至人生态度，学术的客观性与个体的主观性，大概的确有些关系。

（《悼朱光潜先生》，1986 年）

8

我建议写文章的人要学点平面几何。理论文章要概念清楚，遵守逻辑，要有论证，简明扼要，不要模模糊糊，不要让人看半天不知说了些什么。对于学术发展来说，这是最基本的一个问题。

（《写文章的人要学点平面几何》，1987 年）

9

汉字在培养中国人的智力（记忆力、理解力和思维能力）上，在统一方言，形成强大持久的经济政治局面上，在同化外来种族特别是形成华夏的文化心理结构上，起了无可估量的巨大作用。传说"仓颉造字"使"天雨粟，鬼夜哭"，民间也常有"敬惜字纸"的标语张贴，都展示出汉字的既神秘又神圣的地位。可惜至今对这一点仍然研究不多。

（《论语今读》，1998 年）

10

但"不患人之不己知"要义仍在把握个体的价值与尊严，即走自己的路，为自己所当为，作自己所当作，"毁誉无动于中，荣辱在所不计"，自身实在存于自我认识中而不在"人知"也。

（《论语今读》，1998 年）

11

据说哲学一词在希腊的原意是"爱智"。我想，哲学或哲学家的特征之一，常常是在一般人觉得没问题或不成问题的地方，偏偏提出了问题。加上哲学家有个刨根问底的习惯，于是所提出所讨论的问题便经常带有根本性、全局性，从而给人以很大启发。

（《读〈西方著名哲学家评传〉》，1985 年）

12

我学过数理逻辑，做过很多数理逻辑的练习题目。很多人特别是搞文学的很厌烦这些东西，因为要花很大的耐心，要一步一步地推理，好像小时做平面几何，那对自己就是训练……所以我到现在都非常注意概念的清楚，我常常喜欢问你这个概念，这个语词到底什么意思，有些人就是答不出来。

（《浮生论学》，2002 年）

13

我觉得我有些东西至今也还不是常识。（笑）只是没有充分发挥，没人注意。我这人比较懒。很多文章本可以写得很长，……我只写了个小册子，……我的书基本上都是提纲性质的。……我是搞哲学出身的，我觉得提供一些基本的想法、观念、角度，如果对人家有启发，就可以了。……我的书不一定要使人心服，或者要人家来引用。我没有这个企图。只要读后觉得还有点意思，有点启发，就足够了。……我那些书里还有一些很重要的东西，到现在为止还没有被人认真注意。也许过几十年以后才能被人真正认识，我常常只点到一下，就带过去了。

（《浮生论学》，2002 年）

14

　　说也奇怪，我在理论和实际上一贯强调历史主义，但另方面，也许仍是受鲁迅的影响，我又非常注意人们的处世、为人。在我所认识的人中，我一直非常尊敬、赞佩和更为亲近那些或勤勤恳恳、老实本分，或铮铮铁骨、见义勇为的人，尽管他们非常普通，既非才华盖世，又未显赫于时，可说是"名不称焉"吧，但他们比那些经营得巧名重一时的"俊杰"老翁，或左右逢源聪明圆滑的时髦青年，总要使我觉得可爱可信得多。中国古人有言说，士先器识而后文艺。可惜这点点"伦理主义"在近几代（不能只指责青年一代，前面不是提到"俊杰"老翁吗？）中国知识分子好些人中，似乎在不同程度上被忽视被遗忘了。

（《赵士林〈心学与美学〉序》，1991 年）

15

　　我常以为，文学家可以极端地表达情感，只要能感染读者，便是成功。但文学作品煽起你的情感，却并不能告诉你究竟如何在生活中去判断、思考和行动。读文学作品，老实说，应该注意这一点，不要为其所宣扬的观点、思想、信念所迷惑。情感，即使是"健康"、"真诚"、"崇高"的情感，也仍然需要理智的反省或自觉，经由自己的理性判断，才能有益于生活和人生。

（《关于胡适与鲁迅》，2001 年）

16

　　我不喜欢德国那种沉重做法，写了三大卷，还只是"导论"。我更欣赏《老子》不过五千言，……哲学只能是提纲，不必是巨著。哲学本只是提问题、提概念、提视角，即使如何展开，也不可能是周详赅备的科学论著。

（《实用理性与乐感文化》，2004 年）

17

从彩陶刻划、骨卜刻划到甲文金文，到石刻铭功，贮存了大量历史经验的文字，正好指示着鱼龙时代的纪纲秩序的"成文化"。它以标准的符号系统成为这个生命、生活和权威/秩序的体现者。一代又一代的人群，主要是统治—领导集团和阶层，拥有着、享用着这貌似僵固却实际永生的历史经验的权威凝结物，作为符号工具，不断指导、规范、巩固、统治人群的生存和延续。……所以汉字着重的是它作用于人们行为活动的规范特质，而不在于复写、记录口头语言的认识功能。

（《中华文化的源头符号》，2004 年）

18

汉字文言中虚词的众多和并非口语特点的音乐形式，如由平仄音调到字义的对偶反复、抑扬顿挫、合辙押韵，使汉字文言文的表情功能非常显著而重要。它熔情感、理解、记忆三者于一炉，对中华文化心理结构的塑造和影响甚为巨大。也许，中华儿女可以流连忘返在这作为心理积淀的汉文字（书法）和文学中，去寻找或寄托那失去的历史家园和邈远的故国乡愁?!

（《中华文化的源头符号》，2004 年）

19

我曾说，西方的辩证法从语言论辩中产生，是思维的艺术，思辨的智慧；中国的辩证法从战争兵法中产生，是生活的艺术，生存的智慧。前者锻炼培育了人们的思辨理性，产生了高度抽象的理论科学，为中国传统所远远不及。后者锻炼培育了人们的实用能力，产生了众多的技术发明，培育和延续了一个如此众多人口、广阔疆域、有统一文字语言而且历史悠久未断的巨大时空实体。而所有这些中国文化的短处和长处，又都与这个"天人合一"的根本攸关。

（《王柯平〈中国思维方式〉序》，2007 年）

20

（我和余英时——编者注）都认为中国思想是从巫术出来的。……他认为自上古到孔子，来了一个大突破。我分两步，周公是一步，孔子是第二步，没有完全遵照雅斯贝斯的说法。我以为周公把巫术这一套传统完成外在的理性化，变成一套系统，一个政治和伦理的制度；孔子和儒学再把这一套归结为心理，孔子讲仁，中庸讲诚。

（《浮生论学》，2002 年）

21

不仅艺术有形式感问题，科学也有。科学中，最合规律的经常便是最美的，你不常听到科学家们要赞叹：这个证明、这条定理是多么美啊。有位著名的科学家说，如果要在两种理论——一种更美些，一种则更符合实验——之间进行选择的话，那么他宁愿选择前者。这不是说笑话，里面有深刻的方法论问题。有趣的是，科学家不仅在自己的抽象的思辨、演算、考虑中，由于感受、发现美（如对称性、比例感、和谐感）而感到审美愉快，而且它们还经常是引导科学家们达到重要科学发现、发明的桥梁：由于美的形式感而觉察这里有客观世界的科学规律在。

（《审美与形式感》，1981 年）

22

　　如仅就个人偏爱来说，我宁肯欣赏一个真正的历史废墟，而不愿抬高任何仿制的古董。记得在成都，我对游人冷落的王建墓非常赞叹，这是五代艺术的真迹；而一点也不喜欢那著名的、挂满了名人字画的、虚构的杜甫草堂。

（《偏爱》，1984 年）

23

　　一个人只有真正意识到自己的存在才真正存在着，而不再是某种机械的工具和盲目的奴仆。一个民族也是这样。只有对自己真正有自我意识，然后才能自立起来，才能真正走出自己的路来。当然，要自我意识，必须要理解自己，而任何理解都是通过对过去的理解来完成的。我们总是在一定的时空中存在，一个人一个民族的存在总是历史的存在。所以真正追求历史的真实，就应该把它同追求对历史了解的真实结合起来；真正的历史真实就存在于对历史了解的真实中间，存在于对历史的解释、对历史的理解中间。

（《中国思想史杂谈》，1985 年）

24

　　爱因斯坦说过，希腊和西方文明是依靠希腊欧几里得的几何体系和文艺复兴以来伽利略的科学实验方法取得成果的。他很奇怪，中国没有这两样东西，何以能够做出很多工作。这便是中国思想史上一个值得研究的问题。我的看法是，技术和科学有区别。中国基本上可说是技术发达，科学并不发达，也就是说，中国是技术科学或应用科学较发达。中国的四大发明都是技术发明。中国数学发达，但主要也是计算方面，它不重视公理、模型、抽象体系。这也表现为中国人的思维总喜欢要求科学直接为社会生活服务，因而，科学常常变成或只是技术，对科学的独立意义、独立力量，对科学本身思辨的完备等等，便不够注意。……中国科技到近代大大落后，长久停留在经验论水平的理论思维上，是有其内在的传统思维方式的原因的（当然也有许多外在的根本原因）。

（《中国思想史杂谈》，1985 年）

25

中国的历史意识很发达，在世界所有的民族中，历史哲学和自然哲学是一个哲学。天地与人、宇宙与人类、自然与社会是混为一体的，所谓"究天人之际，通古今之变，成一家之言"，总是要求把天与人、自然与社会放在　起的联贯中来思考来讨论。所以它既是自然观又是社会观，又是人生观；它既是理智的，又是感情的。

（《中国思想史杂谈》，1985 年）

26

几十年来流行"对子"（唯物与唯心、辩证法与形而上学斗争史），现在又似乎流行"圆圈"（哲学史是螺旋形的上升的认识史）。我有点怀疑。我不大相信"两军对战"，也不大相信黑格尔说的那"圆圈"。柏拉图、老子并不比后来的哲学差，"圆圈"的起点可以高于终点，读这些著作比读经过"螺旋式上升"后的著作有时还更有味道。如何解释？这倒有点像艺术，屈原的《离骚》、希腊的雕刻便丝毫不亚于后来的作品。

（《突破"对子"与"圆圈"》，1985 年）

27

美感不光是认识这一个因素，而是由直觉、感觉、想象、情感、欲望、意向等多种因素所组成，认识不能独立于它们之外。假设简单地把认识当作审美，那么艺术就不成其为艺术，就变成一篇理论文章了。我们认识封建社会的没落，何必去看《红楼梦》，去看一本历史教科书不是更好吗？所以，认识的因素在艺术里面，就像水里放了盐，喝水知道咸味但你看不见盐。也就是你可以感觉到但不一定很明确。所以，艺术有它的多义性、不明确性、朦胧性。

（《在电视剧艺术讨论会上的发言》，1986 年）

28

广义的"积淀"指不同于动物又基于动物生理基础的整个人类心理的产生和发展。它包括"理性的内化"即作为认识功能的诸知性范畴、时空直观等等；它包括"理性的凝聚"，即人的行为、意志的感性现实活动中的伦理道德（均见诸《主体性论纲》）。而狭义的"积淀"则专指理性在感性（从五官知觉到各类情欲）中的沉入、渗透与融合（见《美学四讲》）。……狭义的"积淀"即审美，却有所不同。它常常直接呈现为人的整个"情理结构"即整个心理状态，而不限于认识和行为。从而由各不相同的文化（民族、地区、阶层）所造成的心理差异，即理性与感性的结构、配合、比例，便可以颇不相同。

（《历史本体论》，2002 年）

29

可见，所谓人性的塑造、陶冶不能只凭外在的律令，不管是宗教的教规，革命的"主义"。那种理性凝聚的伦理命令使所建造的"新人"极不牢靠，经常在这所谓"绝对律令"崩毁之后便成为一片废墟；由激进的"新人"到颓废的浪子，在历史上屡见不鲜。只有"以美启真"、"以美储善"的情感的陶冶塑造，才有真正的心灵生长，才是真实的人性出路。它必然是个体的，个性的，自然与社会相合一的。

(《历史本体论》，2002 年)

30

人类从动物开始。为了摆脱动物状态，人类最初使用了野蛮的，几乎是动物般的手段，这就是历史真相。历史从来不是在温情脉脉的人道牧歌声中进展，相反，它经常要无情地践踏着千万具尸体而前行。……暴力是文明社会的产婆。炫耀暴力和武功是氏族、部落大合并的早期宗法制这一整个历史时期的光辉和骄傲。所以继原始的神话、英雄之后的，便是这种对自己氏族、祖先和当代的这种种野蛮吞并战争的颂扬和夸扬。

(《美的历程》，1981 年)

31

艺术与经济、政治经常不平衡。如此潇洒不群飘逸自得的魏晋风度却产生在充满动荡、混乱、灾难、血污的社会和时代。因此，有相当多的情况是，表面看来潇洒风流，骨子里却潜藏深埋着巨大的苦恼、恐惧和烦忧。

(《美的历程》，1981 年)

32

生产创造消费，消费也创造生产。心理结构创造艺术的永恒，永恒的艺术也创造、体现人类传流下来的社会性的共同心理结构。然而，它们既不是永恒不变，也不是倏忽即逝、不可捉摸。它不会是神秘的集体原型，也不应是"超我"或"本我"。心理结构是浓缩了的人类历史文明，艺术作品则是打开了的时代魂灵的心理学。而这，也就是所谓人性吧？

（《美的历程》，1981 年）

33

心理本体的重要内涵是人性情感。它有生物本能如性爱、母爱、群体爱的自然生理基础，但它之所以成为人性，正在于它历史具体地生长在、培育在、呈现在、丰富在、发展在人类的和个体的人生旅途之中。没有这个历史——人生——旅途，也就没有人性的生成和存在。可见，这个似乎是普遍性的情感积淀和本体结构，却又恰恰只存于个体对"此在"的主动把握中，在人生奋力中，在战斗情怀中，在爱情火焰中，在巨大乡愁中，在离伤别恨中，在人世苍凉和孤独中，在大自然山水花鸟、风霜岁月的或赏心悦目或淡淡哀愁或悲喜双遣的直感观照中，当然也在艺术对这些人生之味的浓缩中。去把握、去感受、去珍惜它们吧！在这感受、把握和珍惜中，你便既参与了人类心理本体的建构和积淀，同时又是对它的突破和创新。因为每个个体的存在和"此在"，都是独一无二的。

（《华夏美学》，1987 年）

34

我曾把自然界本身的规律叫做"真"，把人类实践主体的根本性质叫做"善"。当人们的主观目的按照客观规律去实践得到预期效果的时刻，主体善的目的性与客观事物真的规律性就交会融合了起来。真与善、合规律性和合目的性的这种统一，就是美的根源。

（《美学四讲》，1989 年）

35

艺术本来是在一定时空中的。它有时代性、历史性，但如前所述，恰恰是艺术把时空凝冻起来，成为一个永久的现在。画幅上，电影中，小说里，即是这种凝冻的时空，它毫不真实，却永不消逝。……人类和个体都通过时间的体验而成长，人经常感叹人生无常，去日苦多，时间一去不复返，总希望把时间唤醒、逆转和凝冻，艺术便能满足人的这种要求，时空从人们现实地把握世界的感性知觉变而为体验人生的心理途径，它直接地唤醒、培育、塑造人的自觉意识，丰富人的心灵，去构建这个艺术—心理情感的本体世界，以确证人类的生存和人的存在。

(《美学四讲》，1989 年)

36

今天要继承五四精神，应特别注意发扬理性，特别是研究如何使民主取得理性的、科学的体现，即如何寓科学精神于民主之中。从而，这便是一种建设的理性和理性的建设。不只是激情而已，不只是否定而已。

(《关于中国传统与现代化的讨论》，1989 年)

37

但人类一体化、世界一体化是不可避免的了。任何国家、地区以至个体想"遗世而独立"是不大可能了。工具本体和物质生活的这种一元化（同样的钢铁、石油、家用电器、塑料制品、超级市场……），倒恰好分外要求心理本体和精神生活的多元化。也许只有这样，才能努力走出那异化的单调和恐怖？在富有自由、机会和选择，同时即意味着偶然性不断加大、命运感日益加深、个体存在的孤独和感伤更为沉重的未来途中，追求宗教（或准宗教）信仰、心理建设和某种审美情感本体，以之作为人生的慰安、寄托、归宿或方向，并在现实中使人们能更友好地相处，更和睦地生存，更健康地成长，不再为吸毒、暴力、罪行、战争……所困扰，是不是可以成为新梦中的核心部分？不再是乌托邦社会工程之梦，而是探求人性、教育、心理本体之梦，从而也是询问和研讨"自然的人化"和"人化的自然"之梦，大概必须在衣食住行高度丰实富足的21世纪，也才可能真正被提上日程？

（《世纪新梦》，1992年）

38

对儒学来说，"活"（生命）的意义即在"活"（生命）本身，它来自此"活"（生命）。也就是说"活的意义"就在于这个人生世事中，要在这个人生世事中去寻求。由于人首先是活在天地自然之中，而且是如此艰难苦辛地活着，"活"在这里便是挣扎、奋斗、斗争和这种奋力斗争的成果和胜利：终于活下来。我以为，这就是儒学之所以赋予"活"（生命）以雄伟阔大的宇宙情怀和巨大情感、肯定意义的由来。

（《哲学探寻录》，1994年）

39

人生无常，能常在常驻在心灵的，正是这可珍惜的真情"片刻"，此中大有深意在。只有它才能证明你曾经真正活过。于是在这日常的、平凡的似乎是俗世尘缘中，就可以去欢庆自己偶然的生；在这强颜欢笑中、这忧伤焦虑中，就可以去努力把握、流连和留住这生命的存在，使四大非空，一切如实，宇宙皆有情，万物都盎然生意。何必玩世逍遥？何必诅咒不已？执著它（体验）而又超脱它（领悟），不更好吗？这就是生命的故园情意，同时也就是儒家的"立命"。……"慢慢走，欣赏啊。"活着不易，品味人生吧。"当时只道是寻常"，其实一点也不寻常。

（《哲学探寻录》，1994 年）

40

现在人们对许多东西研究很深，但对人本身、人的头脑的生理机制、人的个体潜在能力的研究都是很不够的。这些方面还大有可为。……这是从科学层面说的。从哲学层面说，是怎样研究去真正树立人性，即研究人怎样才能既不只是机器又不只是动物。也许只有教育才能解决现代社会所面临的——人既是机器的附属品又是纯动物性的存在的状况。这种分裂的人格，包括其中好些问题，如吸毒、暴力等，不完全是社会原因造成的（当然大有社会原因），而是人性中有许多问题。只有研究教育，研究人性，也许才能较好地消解这些问题。

（《与高建平的对谈》，1994 年）

41

西方传教士曾说中国人如竹子。含义之一是内部空虚，无独立的灵魂观念。西方基督教造一个超验的对象（观念）以越出此有限的人性、人际、世界，以便灵魂有所安顿。但在此超验的安顿中却难分神魔，执著于此，反倒可以服从于黑暗的蛮力。因为所谓由自我站出来开显世界，让存在者成其所是的生存，也仍然逃脱不了这个由历史性的权力/知识的威逼力量所约束的有限人生。追求超验的灵魂、抽象的"倾听"，反而可以盲听误从，失去一切。倒不如"莫笑田家腊酒浑，丰年留客足鸡豚；山重水复疑无路，柳暗花明又一村"；人生本旅居，如能使岁月在情感中淹留，有时如画，则乡关何处，家园何在，此即是也。又何必他求？

（《历史本体论》，2002 年）

42

总之，"外王"（政治哲学）上自由、民主的美雨欧风，"内圣"（宗教学、美学）上的"后现代"同样的美雨欧风，既然都随着现代化如此汹涌而来，传统儒学究竟能有何凭借或依据，来加以会通融合？"三期说"以为儒学传统已经丧亡，只有凭借和张扬孔孟、程朱、陆王、胡（五峰）刘（宗周）的圣贤"道统"才能救活，从而以"道统"的当代真传自命。在"四期说"看来（指李泽厚所持的"儒学四期"说——编者注），如果传统真的死了，今日靠几位知识分子在书斋里高抬圣贤学说，恐怕是无济于事，救不活的。"四期说"以为，正因为传统还活着，还活在尚未完全进入现代化的中国亿万老百姓的心里，发掘、认识这种经千年积淀的深层文化心理，将其明确化、意识化，并提升到理论高度以重释资源，弥补欠缺，也许，这才是吸取、同化上述欧风美雨进行"转化性的创造"的基础。也许，只有这样才能从内外两方面开出中国自己的现代化？

（《说儒学四期》，1999 年）

43

由于儒家的"一个世界"观，人们便重视人际关系、人世情感，感伤于生死无常，人生若寄，把生的意义寄托和归宿在人间，"于有限中寓无限"，"即入世而求超脱"。由于"一个世界"，人们更注意自强不息，韧性奋斗，"知其不可而为之"，"岁寒，然后知松柏之后凋"。由于"一个世界"，儒学赋予自然、宇宙以巨大情感性的肯定色彩："天地之大德曰生"，"生生之谓易"，"天行健"，"厚德载物"……用这种充满积极情感的"哲学"来支持人的生存，从而人才能与"天地参",以共同构成"本体"。此即我所谓"乐感文化"。由于"一个世界",思维方式更重实际运用,轻遐思、玄想,重兼容并包(有用、有理便接受),轻情感狂热(不执著于某一情绪、信仰或理念),此即我所谓的"实用理性"。

(《初拟儒学深层结构说》,1999 年)

44

"情本体"的基本范畴是"珍惜"。……如何通过这个有限人生亦即自己感性生存的偶然、渺小中去抓住无限和真实,"珍惜"便成为必要和充分条件。"情本体"之所以不去追求同质化的心、性、理、气,只确认此生偶在的千千总总,也就是"珍惜"之故:珍惜此短暂偶在的生命、事件和与此相关的一切,这才有诗意地栖居和栖居的诗意。任何个体都只是"在时间中"的旅途过客而已,只有在"珍惜"的情本体中才可寻觅到那"时间性"的永恒或不朽。

(《人类学历史本体论》,2008 年)

45

巫术区别于宗教的主要特征在于,人作为主体性的直接确立。它在中华上古的理性化过程中演变为"礼制"和"天道",最终形成了"实用理性"和"乐感文化"。这便是中华传统的基本精神。中华文化是肯定人们现实生命和物质生活的文化,是一种非常关注世间幸福、人际和谐的文化。幸福当然包括了物质和精神两个层面,但即使追求独立甚至"超验"的精神幸福,也并不排斥、否定、憎恶这个现实物质的生活和存在(存在者)。由于没有相信天主,"乐感文化"便以人为本,相信人类自身的力量,尽管历史在悲剧中前行,但认为只要自强不息、韧性奋斗,便可否极泰来:形势可以改变,前途会有光明,继往开来,"虽百世可知也"。所以孔老夫子说"知其不可而为之"，《周易》"既济"之后有"未济"。它所宣示的是：人类所行走的是一个永不完成的奋斗历程，这是"天道"，也是"人道"。所以"乐感文化"也是一种"乐观文化"，它乐观而紧紧抓住"人活着"这一基本命题，这也是对巫史传统最深层的开掘和发扬："上帝死了，人还活着，主体性将为开辟自己的道路不断前行。"

（《说巫史传统补》，2005 年）

46

民主首先是一套理性的程序，它通过法律才能实现。所以我总强调要努力制定出一套又一套的法律（而且首先是程序法），并严格执行之。不分尊卑老幼、不论官阶大小，法律面前一律平等，并逐渐养成习惯，变成习俗。我认为没有法律或有法而不执行、极其缺乏制度性的运作，这才是当前中国政治的首要问题。民主就需要从这里具体开始。

（《从辛亥革命谈起》，1992 年）

47

五四运动提出科学与民主，正是补旧民主主义革命的思想课，又是开新民主主义革命的启蒙篇。然而，由于中国近代始终处在强邻四逼外侮日深的救亡形势下，反帝任务异常突出，由爱国而革命这条道路又为后来几代人所反复不断地在走，又特别是长期处在军事斗争和战争形势下，封建意识和小生产意识始终未认真清算，邹容呼唤的资产阶级民主观念也始终居于次要地位。一方面，历史告诉我们，经济基础不改变，脱离开国家、民族、人民的富强主题，自由民主将流为幻想，而主要的方面，则是没有人民民主，封建主义将始终阻碍着中国走向富强之道。从而，科学与民主这个中国民主革命所尚未实现的目标，仍然是今天的巨大任务。

（《二十世纪初资产阶级革命派思想论纲》，1979 年）

48

偶然不仅是必然的表现形式，而且还是它的"补充"，也就是说，并非每一偶然都一定是必然的体现。正如马克思在青年时期就十分重视伊壁鸠鲁那个不遵循必然规律的原子偏离运动一样，我们在历史研究过程中也应注意各种不同性质的偶然，它所带来的种种后果，和对必然的影响和关系，这样历史才能成为活生生的有血有肉的人所创造的历史，而不是些呆板的公式和枯燥的规律，也才不是宿命论或自由意志论。……黑格尔曾认为，哲学史和政治史相反，在后者中，个人的品格、天赋、气质的特性是行动和事件的主体；在哲学史中，则完全不是这样，无个人特性可言的思维本身才是历史的创造性的主体。黑格尔这一观点是深刻的。微不足道的细节或人物可以在政治事件中有时起决定性作用，思想史则不发生这种情况。政治史中充满了繁复多变的偶然和机遇，思想史却不然，它只指示着必然的行程。

（《中国近代思想史论·后记》，1979 年）

49

从前一方面说，中国民族的确是太老大了，肩背上到处都是沉重的历史尘垢，以致步履艰难，进步和改革极为不易，"搬动一张桌子也要流血"（记得是鲁迅讲的）。在思想观念上，我们现在某些方面甚至比五四时代还落后，消除农民革命带来的后遗症候，的确还需要冲决罗网式的勇敢和自觉。……从后一方面说，比较起埃及、巴比伦、印度、玛雅等古文明来，中国文明毕竟又长久地生存延续下来，并形成了世罕其匹、如此巨大的时空实体。历史传统所积累成的文化形式又仍然含有值得珍贵的心理积淀和相对独立性质；并且百年来以及今日许多仁人志士的奋斗精神与这文化传统也并非毫无干系。所以本书又仍然较高估计了作为理性凝聚和积淀的伦理、审美遗产。这实际也涉及历史主义与伦理主义的二律背反问题。我有时总想起卢梭与启蒙主义的矛盾，浪漫派与理性主义的矛盾，康德与黑格尔的矛盾，托尔斯泰与屠格涅夫的矛盾，油画《近卫军临刑的早晨》中雄图大略的彼得大帝与无畏勇士们的矛盾，也想起今天实证主义与马尔库塞的矛盾……。历史本就在这种悲剧性矛盾中行进。这是一个深刻的问题啊。

（《中国古代思想史论·后记》，1985 年）

50

传统既然是活的现实存在，而不只是某种表层的思想衣装，它便不是你想扔掉就能扔掉、想保存就能保存的身外之物。所以只有从传统中去发现自己、认识自己从而改变自己。如拙著《中国古代史论》所强调，传统常常是集好坏于一身、优劣点很难截然分割。这就不是片面的批判和笼统的反对所能解决，而首先是要有具体历史的分析。只有将集优劣于一身、合强弱于一体的传统本身加以多方面的解剖和了解，取得一种"清醒的自我觉识"，以图进行某种创造性的转换，才真正是当务之急。

（《启蒙与救亡的双重变奏》，1986 年）

51

从中西文化形态的这些比较中，便可看出，以人性本善的理论为基础的儒家孔孟的伦理主义，已完全不能适应以契约为特征的近代社会的政法体制。它曲高和寡造成的虚伪，变成了历史前进的阻力。现代社会不能靠道德而只有靠法律来要求和规范个体的行为。因此真正吸收和消化西方现代某些东西，来进一步改造学校教育、社会观念和民俗风尚，以使传统的文化心理结构也进行转换性的创造，便是一个巨大课题。之所以巨大，正是因为这种创造既必须与传统相冲突（如历史主义与伦理主义的矛盾），又必须与传统相接承（吸收伦理主义中的优良东西）。

（《启蒙与救亡的双重变奏》，1986 年）

52

几千年来，古今中外的文学名著究竟有多少，中国最能站得住脚的小说也只有《红楼梦》，外国有几个莎士比亚，几个托尔斯泰？然而，纯文学、纯艺术是提高我们整个人类、整个时代和民族审美意识的一个航向，它带动整个艺术向前发展。所以应该有很多人去朝这个方向奋斗。如果我们没有屈原、曹雪芹、鲁迅，没有荷马史诗、莎士比亚、托尔斯泰，没有达·芬奇、贝多芬，试想我们整个人类的文化是什么样子？

（《在电视剧艺术讨论会上的发言》，1986 年）

53

我们喜欢讲民族性，当然民族性是需要的。但不能过分强调。因为我发现有些人经常用民族性来抵抗时代性，抵抗外来的新事物。我想，只要我们民族性的特点恰恰在于它有高度的自信心，就不仅不怕而且很善于接受、吸收、融化外来的东西。汉、唐不就是采取大气魄的来多少便接纳多少的方法吗？现在的所谓"民乐"中不是有带"胡"字的乐器吗？我们民族文化不但没有因之消亡，反而变得更加伟大。鲁迅反对了一辈子国粹，甚至说不读中国书，然而他恰恰代表了民族精神，是"民族魂"。而那些大喊保存国粹的人反而并不代表中华民族。

（《在电视剧艺术讨论会上的发言》，1986 年）

54

所以，如果说儒家讲的是"自然的人化"，那么庄子讲的便是"人的自然化"：前者讲人的自然性必须符合和渗透社会性才成为人：后者讲人必须舍弃其社会性，使其自然性不受污染，并扩大与宇宙同构才能是真正的人。庄子认为只有这种人才是自由的人、快乐的人，他完全失去了自己的有限存在，成为与自然、宇宙相同一的"至人"、"神人"和"圣人"。所以，儒家讲"天人同构"、"天人合一"，常常是用自然来比拟人事、迁就人事、服从人事；庄子的"天人合一"，则是要求彻底舍弃人事来与自然合一。儒家从人际关系中来确定个体的价值，庄子则从摆脱人际关系中来寻求个体的价值。

(《华夏美学》，1988 年)

55

我以前老讲两个小故事，一个是杰克·伦敦有个短篇小说，描述一个白人和黑人的矛盾。那位白人雇一个黑人和他一起运鸡蛋去远方，因那地方鸡蛋少，运到后一定会发大财。但运输的路上极其辛苦，这位白人雇主非常吃苦耐劳，节俭勤奋，真可说是艰苦卓绝。但这个黑人却完全相反，消极怠工，好吃懒做，觉得这样吃苦去赚这个钱，实在不值得。最后，鸡蛋运到了，却全臭了。白人只好自杀。另一个是高德尔华斯的作品，也是短篇，描写的是一个手艺精湛的鞋匠，为人忠厚，他做的皮革简直像艺术品，既美观，又耐穿，多年也穿不坏，但在大工厂生产皮鞋的时期，生意却越来越冷淡了。没人再来买他的鞋，因为工厂生产的鞋，便宜得多，而且花样翻新，虽不耐穿，但大家还是更喜欢去买。这两个故事描述的正是二律背反，双方各有其价值。你能说谁是谁非吗？你能说杰克·伦敦的那黑人、白人谁是谁非吗？也许杰克·伦敦是站在黑人一边批评那白人。但那白人想艰苦创业，历尽艰辛，不也正是今天企业家的榜样么？不正是一种推动历史前进的力量么？但那黑人觉得人生如此并无意义，也许他更向往中世纪的田园？这也不错呀。这两个故事都表现历史与人生、历史与感情、历史与伦理的关系非常复杂。两者固然有相当一致的时候，但也经常有矛盾。实际正是历史主义与伦理主义的矛盾。追求社会正义，这是伦理主义的目标，但是，许多东西在伦理主义范围里是合理的，在历史主义的范围并不合理。例如，反对贫富不均的要求，也就是平均主义的要求，在伦理主义的范围里是合理的，但在历史主义范围内就不一定合理了。

（《说历史悲剧》，1999 年）

56

黑格尔和马克思都说过，巨大的历史事变和人物，经常两度出现。令后人惊叹不已的是，历史竟可以有如此之多的相似处。有的相似只是外在形式，有的则是因为同一或类似的本质规律在起作用的原故。之所以应该重视中国近代史的研究，也正在于中国近百年来的许多规律、因素、传统、力量等等，直到今天还在起着重要作用，特别是在意识形态方面。死人拖住活人，封建的陈垢阻挠着社会的前进。从而，当偶然的事件是如此的接近，历史似乎玩笑式地作圆圈游戏的时候，指出必然的规律和前进的路途，依然是一大任务。

（《中国近代思想史论·后记》，1979 年）

57

对许多宗教来说，仰望上苍，是超脱人世。对中国传统来说，仰望上苍，是缅怀人世。"念天地之悠悠，独怆然而涕下"（陈子昂）的宇宙感怀是与有限时空内的"古人"和"来者"相联结。因而，从"天道"即"人道"说，人既是向死而生，并不断面向死亡前行，与其悲情满怀，执意追逐存在而冲向未来，就不如认识上不断总结过往经验，情感上深切感悟历史人生，从人世沧桑中见天地永恒，在眷恋、感伤中了悟和承担。……与其牵挂、畏惧、思量重重，就不如珍惜和把握这每一天每一刻的此在真意。我以前一再提及"从容就义"高于"慷慨成仁"，就因为后者只是理性命令的伦理激奋，而前者却是了悟人生、参透宇宙、生死无驻于心的审美情感。

（《关于"美育代宗教"的杂谈答问》，2008 年）

58

在中国诗画中，水边垂柳常表示轻柔抒情，山上高松表现刚强正直。中国画论说："喜气写兰，怒气写竹。"中国古人不知道刚才提及的西方心理学，但他们讲的道理却相同。刚强、愤怒的情感，通常用直线表现，柔和、舒闲的情感则用曲线。所以说喜气时画兰草，画竹则表现硬朗、愤怒，也是说感知同人的情感有一种同构的关系。雕刻家用不同的颜色、质料、形状，书法家用线条的直、曲、停顿、流畅，以及空间结构，都不只是外在的感知而已，而是与内在的情感直接相关，给予人不同的感情感染。

（《漫谈美学——在香港国际创价学会上的演讲》，2002 年）

59

人生可以有几种境界，第一是自然境界，就是什么都不想，如动物一般，只是吃饱穿暖、享受生活；第二是功利境界，要去做事、赚钱、成名（个人功利），报效国家、报效民族、建设社会等等（群体功利）；更高一种是道德境界，讲求个人的品德修养等等。最高的是天地境界，进入宗教领域，中国因少有人格神，这也就是审美的境界：人和大自然跟天地宇宙合为一体。这超过道德修养，比做一番事业更高，这等于归依于神，得到了人生寄托。《庄子》说："天地有大美而不言。"感受到这种大美，就是"天乐"，解决了人的一切烦恼，也解决了生死问题。所以美或审美绝不止是创作、欣赏艺术而已，还可以将人生的境界提高，特别是在中国。前北大校长蔡元培先生提出以美育代宗教，这也是美的最高境界，近似宗教。

(《漫谈美学——在香港国际创价学会上的演讲》，2002 年)

60

趁此机会，我再谈点对美育的看法。有两点很重要，一是形式感，一是敬畏感。现在好像不大注意这两点，其实这正是美育所要培养的。首先是形式感，所谓形式感是很具体的均衡、对称、比例、节奏所形成的秩序感、韵律感、和谐感、单纯感等等。它们从劳动感受到自然静观到创造发明，是具有多层次多种类、既广大又深刻的情感体验和感受，包括前面讲的"天人合一"、"协同共进"在内。它们远远不止在艺术中，要对它们有感受力；并进而培养对宇宙存在的敬畏感，用这种敬畏代替宗教对神的敬畏，这都属于"情本体"的范围。我们前面不是说到爱因斯坦，说他的科学发现源于感觉、直觉和自由想象吗？其实爱因斯坦就是出于敬畏和好奇，他信仰的神实际就是整个宇宙，就是宇宙合规律的这种运转，所以他才会着迷地探寻那最大最高的"形式感"。美育要培养对一般形式感的领会、把握，同时要培养对天地、宇宙、自然这个大"形式"的信仰。这两方面的关系又是如何，需要好好研究。如果美育搞得好，达到一个高层次，也就不需要再去依靠什么上帝或者神了。这个问题很深奥，这里提一下。总之，"情本体"讲的不仅是人情，远不止于"人伦日常之用"的情，而且也包括这种对宇宙天地的敬畏之情。音乐的哲理性，石涛讲的"一画"，中国讲的"天道"，都与此有关。

(《该中国哲学登场了？——李泽厚 2010 年谈话录》，2010 年)

后　记

一

　　1980 年冬，李泽厚为宗白华先生即将出版的《美学散步》作序。开头一句就是："八十二岁高龄的宗白华老先生的美学结集由我来作序，实在是惶恐之至：藐予小子，何敢赞一言！"实事求是地说，李泽厚的惶恐一半是出于对美学前辈的尊敬，一半也可说是自己的谦虚，毕竟，李泽厚也是当代中国美学的泰斗式人物。早在 1950 年代美学大论战中，李泽厚就因和朱光潜论战一举成名，由当代美学大家来为美学老前辈作序，也可说是众望所归。如今，李泽厚先生也已度过了他的八十寿辰，做梦也没有想到的是，他的这本《李泽厚论教育·人生·美》竟然会让一名普通中学教师的我来写序，这可真是令我"惶恐之至"："藐予小子，何敢赞一言"！

　　但是，这却是事实！在几番推辞未果之后，我只好赧然答应下来。因为这已成为本书能否问世的一个条件。战战兢兢，如履薄冰；感唏不已，敢违嘉命？

　　原来，李泽厚先生压根就不同意出这个选本。最初，在李先生的北京寓所，我和朋友们对李先生做教育问题访谈时，曾小心翼翼地提出过编一本《李泽厚论教育》的请求。对此，李先生曾委婉地予以拒绝。理由是他的书已经印得太多，而且，他说自己对教育问题发表的意见并没有多少。后来我再也没有提过此事。李先生的脾气我是知道的，他不愿意的事，你很难说服他，最好免开尊口，说了也是白说。但是，对读者却不能不说是一件憾事。

未曾想到，在李先生返美前夕，《教师月刊》主编林茶居先生来电，告知我李先生已初步答应出他的"论教育"，并嘱我和朱永通先生联系，速作筹划。于是，在和永通君几次网聊之后，我接受了选编这本"论教育"的任务。之后，我重新温习了一遍李先生的主要著作，用最快的时间拟出目录，并且写了一封言辞恳切的信，用电子邮件一并发给了李先生。之后在和李先生的电话商谈中，李先生依然是不赞成，但是态度有所松动，口气有所放松。最终，李先生答应了我们的请求，还为选本拟了一个副标题——献给中小学教师，并且亲自写了一篇短序，真是令我们喜出望外。李先生说："对于一个人的一生，中小学教师所起的作用要比大学教师重要得多！这是我所以勉强同意出这个本子的主要理由。"众所周知，李先生曾经有过一段当小学教师的经历，他十分敬重的母亲陶懋柟女士也是一位辛苦一生的小学老师。他的终于同意出书、拟定副标题乃至亲自作序，都不仅包含着对中小学教师的殷切期望，也许还寄寓着对自己和母亲小学教师生涯的眷眷深情。李先生还对我说，你一定要认真地写一个序言（李先生把"认真"二字说得很重），以你自身的体会来说明编这个集子的理由，否则，我还是不同意出。

我郑重地答应了李先生，仿佛作出了一个非同寻常的神圣承诺！

二

其实，即使没有李先生这个耳提面命的"任务"，我也早想写写李先生，写写李先生对我的深刻影响和巨大帮助，写写这位已经并且还在深刻影响我的人；事实上，我也已经陆陆续续写过一些相关文字。在我的心目中，我早已把李先生当成了我的良师益友。

屈指数来，"认识"李泽厚先生已近30年了。岁月荏苒，许多往事都已如烟散去，可是关于先生的点点滴滴，却仿佛雕刻一般，深深地烙在了心底而永远不会褪色；并且如同种子一样发芽生长，蓬蓬勃勃地成为了我生命的一部分。

第一次听到李泽厚的名字，是在徐州师院印锡华先生的美学课上。那是1982年，我在读本科函授。印先生的美学课上得实在是别具一格：一个淡绿色茶杯，在手里转来转去，他口若悬河而条理清晰，听来有行云流水的感觉，黑板上几乎没有一个字。讲到美学的本质时，李泽厚的名字就一次又一次地从印先生如行云流水的话语中浮现出来。于是，在记住了那个漂亮的淡绿色茶杯的同时，我记住了李泽厚的名字，也记住了他那个著名的"积淀说"。紧接着，美学课的第一次单元考试，印先生给了我一个很高的分数，都接近满分了。这给我的鼓励不小。

1985年，本科毕业的我进入灌南县中学。在这里，我第一次读到了李先生的著作——那本由三联书店出版的《走我自己的路》，至今我还记得那赏心悦目、淡雅而不失凝重的封面。一打开，我便被作者那深刻的思想和睿智的文笔吸引住了。

这是李泽厚的一本杂感集，有序跋、散文、杂文、治学谈、答记者问等各类文章百余篇。作者自谦说，是"不伦不类，不知是什么味道"，而在我读来，却是在品尝一道道色香味兼具的美味佳肴。给我启迪最大的是作者的"治学经验谈"。李先生在多次讲演和文章中反复强调"读书要博、广、多，写文章要专、细、深"，要"以小见大"、"由小而大"，"题目越小越好"，"可以有一个大计划，但先搞一个点或者从一个点开始比较好"。在谈到研究题目的选择时，李先生强调，"应该在自己的广泛阅读中，发现问题，找到前人没有解决的问题或空白点，自己又有某些知识和看法"；要兼顾主客观条件，选择"在主观上适合自己的基础、能力、气质、志趣的方向、方法和课题，而不是盲目地随大流或与各种主客观条件'对着干'"。这些话也许不算什么特别新颖的见解，但由李先生这样知名的学者结合自己的学术经历说出来，却使我有如久旱逢甘霖。当时，我正处于如何选择的困惑之中。一方面，随自己的兴趣爱好翻了不少书，对教育教学问题也有一些朦朦胧胧、似是而非的想法；另一方面，却苦于找不到"突破口"，不知从何处入手。李先生的话给了我以极大的启发。作为一名中学教师，客观条件的限制必然使理论素养薄弱，只能"蜻蜓点水"，但我也有我的优势，那就是在教育教学实践方面积累了不少经验体会，我何不扬己之长避己之短呢？于是，从审美视角去透视教育教学问题便成了我的选择。我选了语文教学领域的一个个很小的点——教学情境、教学情绪、教学风格、教师素质、教学创造……结合自己的教学实践，从审美的角度作些探讨，很快，第一篇论文《教师美散论》便在《教育研究》上发表了。这给了我以极大的鼓舞。从此，一发而不可收，语文美育、教育之美成了我多年来一以贯之的研究课题，并且取得了一些为人们所肯定的所谓成果。

《走我自己的路》令我难忘的第二个原因，便是作者那睿智思想、优美文笔和平易态度的统一。作为当代著名学者，作者在随笔中表达了对理论和现实中许多问题的思考，这种思考迸发出的思想火花往往十分耀眼；而这种深邃思想的表达，却又没有半点装腔作势、故弄玄虚。当然，这首先是因为作者的学术功力深厚，举重若轻；也与本书的随笔类文体有关；但同时，还有重要的一点，那就是文如其人，从文风中也可读出作者诚实的学术品格。读着那一篇篇或长或短、挥洒自如的文字，犹如和一位长于思辨的智者聊天，如坐春风！不经意间，时时感受到思想（动词）的愉快和幸福。多年以后，我读到了著名学者兼散文家刘再复的《李泽厚美学概论》，方知刘再复对李泽厚的文风也是给予极高评价。刘再复认为李泽厚的文章是"学问"、"思想"、"文采"三者统一的范例："人文科学似乎无需文采，但是他的《美的历程》、《华夏美学》的历史论述，却那么富有诗意，客观历史与主观感受乃至人生慨叹那么相融相契，这不能不说是一种人文异象。"其实，岂止是这两本谈美学的书，李泽厚所有的著作都是学问、思想和文采的统一，即便只是一两百字的小序，也总是写得情理交融、饱满丰润。在经历过"文革"年代口号满天飞、满纸空大假的文字浩劫之后，乍一读到李泽厚哲理与诗情交融、朴实与蕴藉同在的文字，真有清风扑面沁人心脾之感。这种文风深深地影响了我，似乎使我悟出了不少教学以及教学以外的东西。

我常想，假如没有《走我自己的路》，或者和它失之交臂，那么，我的教研之路不知会增加多少曲折和坎坷！李泽厚先生的哲学观在承认"必然规律"的同时，特别强调"偶然"的意义。这，是不是也是我生命旅途中一个小小的偶然呢？

三

从《走我自己的路》开始，我喜欢上了写这本书的人，喜欢他的思想，也喜欢他的文笔。我开始买他的书，碰到就买，买到就读，但在县城的书店里根本见不到他的影子。于是，我爱上了出差，每次到城市出差，总要到新华书店转转。那时候李泽厚正大红大紫，他的学术著作也成了畅销书；偶尔一两次出差很难买到。我手里的李著大多是从外地邮购，或是外地的朋友买来送我。著名的中国思想史"三论"，"古代"卷是我从上海邮购，"现代"卷是当时在复旦进修的老同学寄赠，"近代"卷是在北大读书的学生送给我的教师节礼物；中国电影出版社出版的那本《己卯五说》也是由表弟从京城寄我。1990年代初，安徽文艺出版社出版了《李泽厚十年集》，一套六本，我从合肥邮购了一套。李泽厚最重要的著述都囊括其中了。把沉甸甸的一套书放进书橱，着实让我高兴好一阵子，顿时有了一种高朋满座、蓬荜生辉的感觉！

多年来，李泽厚和我相随相伴。不管是在他大红大紫洛阳纸贵之时，还是在他云游欧美漂泊他乡之日，也不管是读懂了还是没读懂，总是置之案头，随兴浏览。从才华横溢好评如潮的《美的历程》，到纵横捭阖振聋发聩的中国思想史"三论"，从溯儒家文化之源寻民族心理之根的《论语今读》，到放眼未来前瞻时代学术路径的《世纪新梦》，从严谨推理精心论证且为作者本人极为看重的《己卯五说》，到亦庄亦谐谈笑风生无所顾忌俨然一老顽童在忆古怀旧的《浮生论学》……有的极用心地读了，而且不止一遍；有的看了，无始无终，不知何时开始，何时结束。

就在这样散漫而不带任何功利的阅读中，我和李泽厚成了从无联系更未谋面但却似乎可以随时"晤谈"的朋友。套用一句时髦的话语，我可以说一步一步"走近"这位大师了。我不敢说我读懂了多少他的思想，但我可以说我认识、理解了这个人，包括他的性格、气质。尽管从没有见过他，但我曾多次想象过这个人。印象中的李泽厚，应该是一个自尊、敏感、孤傲、散淡的人；他的话应该不是很多，但一说就切中要害，而且咄咄逼人；他应该很有些生活情趣，甘于寂寞，我行我素，不大顾忌外人对他的议论评价，对不利于他的评价他可能会付之一笑，懒得理会。我觉得，真正的知识分子就该保持这么一种气度，这种气度我把它称为"高贵"。时代不同了，知识分子的"大众化"是历史的进步；但至少还应该有一部分人保持这种"高贵"。如果知识分子不能保持自己的独立思考，只会人云亦云，趋炎附势，或者为一点一己之私拉帮结党，蝇营狗苟，那么，我们的民族、我们的社会还不能说真正走进了现代！曾有人把学者分为两类：一类是学问大于生命，一类是生命大于学问。学问大于生命的人近乎苦行僧，生命成了学问的奴隶；生命大于学问的人则不然，学问滋养了生命，润泽了人生。李泽厚就是那种充溢着浓郁磅礴的生命意识的大学者。

最令我感佩不已的，是李泽厚说过并且一直在实践着的学术品格：五十年前可以写的书不写，五十年后可以写的书不写。是的，李泽厚的研究一直在关注中国现实，而且不断地引领现实的脚步。李泽厚多次谈到他的"吃饭哲学"，其实就是讲大力发展生产力。这个观点还是在"文革"后期研究康德哲学写《批判哲学的批判》时提出的。而在当时，这样说其"犯忌"和"荒谬"是显而易见的。但是，哲学家遵循的是生活的逻辑和真理的召唤，而不大理会世俗的利害。几年以后，发展经济，让人民群众过上富裕生活，成为中国社会发展的主题。在1980年代，时代呼唤着寻找着它的代言人。乘着思想解放的东风，李泽厚如鱼得水，风云际会，在知识界的影响可以说独占鳌头，无人能比。他关于美学的许多论断暂且不说，因为他的名字早就和朱光潜这些前辈大师的名字并列在了一起。作为哲学家和思想家，他关于思想解放，关于先进生产力，关于吃饭哲学，关于儒家文化的价值，关于民主、启蒙、现代化等诸多问题的论述，因其哲学的高度而高屋建瓴，因其思想的深邃而烛微洞幽，同时，也因其文字的清新而魅力四射。别的且不去说，单单由李泽厚创造并且为学术界认可的学术概念就有近二十个之多，诸如已经广为人知的"积淀"、"文化心理结构"、"人的自然化"、"西体中用"、"实用理性"、"乐感文化"、"儒道互补"、"儒法互用"、"历史主义与伦理主义的二律背反"、"情本体"，等等。李泽厚一直把思考的基点放在现实问题上，一直密切关注着中国现代化的进程。和那时许多学者不同的是，李泽厚一方面不断地介绍引进西方理论；一方面，却努力把他的研究根植于中国的土壤中。李泽厚的哲学，是典型的中国式的。应该说，这是李泽厚主动而自觉的学术追求。

进入1990年代以后，李泽厚蛰居国外，但每年都会回国一次，冷静地观察并深刻思考着我们这个飞速变迁的时代。而正在急剧变革的社会，在好多方面好像正按着李泽厚所预见的路线前行。举个例子吧。1990年代初，举国上下都在讨论市场经济是否需要、是否适合中国国情时，李泽厚就提出了大力发展市场经济之后会出现的社会问题：首先，承认这是必需的一个过程，同时，又提醒人们，经济发展之后，还有一系列的问题要接着研究解决，比如，对人的尊重，对人的情感的尊重，不能只见经济不见人。在《世纪新梦》一书中，李泽厚颇具深情地说道："伦理主义营建心理本体，以展现绝对价值，而这个本体又正是风霜岁月的人类整个历史的积淀；那么，伦理主义与历史主义的二律背反将来是否可能在这里获得某种和解？历史感情的进入心理了，是否能使人在创造历史时让那二律背反的悲剧性减少到最低度，从而使人在历史上不再是数字，而可以是各自具有意义的独特存在呢？"而且，还有具体的建设设想："在走向现代化所必须进行的创造性转换中，中国'乐感文化'的深层情理结构，当然不仅存留在文艺领域，而且也存留在其他各种领域中。因此，在严格区分情、理，以理性的法律为准绳（即以现代法治替代传统人治）的转换中，如何重视人间和睦、人际关怀，重调解、重协商而不一切均诉诸冷冰冰的是非裁定或理性法庭，便仍然是值得仔细探讨的。"李泽厚此时的思想触角，事实上已经在关注现代化进程中人们的精神家园建设！当时，市场经济大潮微澜初现，谁会关心这些？很快，十多年后，当我们的经济建设如火如荼但同时也暴露出许多见"物"不见人的问题时，我们开始讨论"以人为本"，开始建设和谐社会。我想，这也许就是哲学的魅力！哲学总是走在时代的前面。当然，如果李泽厚始终立足在中国大地上，我们可能会读到更多更为深刻也更为精彩的思想。不过，作为以认识人类情感、思考人类命运为己任的哲学家、思想家，也许，超脱一些，会更冷静更客观更理性地看待这个纷纭复杂的世界，他们卓越的思维之果会更具哲理的光辉。

李泽厚说过，从年轻时一直到现在，他从没有为钱写过书。从李泽厚身上，我看到了中国知识分子作为社会良心的那份诚挚品格，看到了儒家思想里那种"兼济天下"的入世精神和志士仁人"铁肩担道义"的家国情怀。

四

记不清是哪位学者说过，读书，也是读自己，不同的环境不同的心境，读同一本书会有完全不同的心得。心得心得，关键是得之于心。确实如此，我在1980年代和1990年代读李泽厚，感受就有很大不同。尤其是那两本"近代"和"现代"思想史论，八十年代读的时候印象不是很深，到了九十年代则有了全新的体会。特别是九十年代初的几年，更是反反复复地阅读，每次都会有新的启迪或者感慨。这与当时的氛围有关，也和我当时的心境十分契合。

虽然只是在家乡灌南做一名普通语文教师，但却做得有滋有味。1980年代，那是一个风云激荡的思想解放年代，生活中几乎每天都有令人激动的新鲜东西涌现。因此，我的语文课堂从不枯燥，班主任也当得津津有味。什么"黄河第一漂"的是与非，什么《红高粱》的得与失，什么"我的六国新论"，还有《文汇报》上连续多篇的义利之辩……，都鲜活地呈现于我的语文课堂或主题班会上。用沸腾、激动之类的字眼形容那些日子毫不为过，而且，当时改革声势浩大，好像马上就要进入一个全新的社会境界。

然而，后来的环境一下子就冷了下来。当时，社会上有一股强烈的保守、僵化思潮，经济停滞，文化萧条，教育上口号连天，语文课也不得不提心吊胆，生怕说错了什么或者做错了什么。校园里的风气一下子消沉起来。人们不知道要干什么，也不知道该怎么干，更不知道明天会是怎样的生活。当时《新华文摘》刊登了一幅油画，准确地抓住了弥漫于社会角角落落的浓厚情绪，油画的题目叫"说不清明天的风"。大草原，苍茫的天穹下，一匹长途跋涉风尘仆仆的马。牵马人胳膊上搭着征衣，正在遥望远方。大风扬起牵马人蓬松的长发。整个画面悠远、苍凉，牵马人迷茫中有执著，彷徨中有坚毅。真的是说不清明天的风！

就在那些日子里，我开始了深入阅读李泽厚的历程，或者毋宁说，是李泽厚深入走进我精神世界的历程。读他的哲学，读他的思想史论，李先生对洪秀全、孙中山、章太炎、梁启超、王国维、鲁迅、胡适等近现代史上威名赫赫的人物鞭辟入里的剖析，让我似乎一下子对许多纷纭复杂的社会现象明白起来，也学到了一些分析社会看待历史的视角和方法，这种感觉还是多年前（"文革"后期）阅读鲁迅时曾经有过。尤其是《中国近代思想史论》那篇洋洋万余言的"后记"，更是高屋建瓴，哲学的理性和思想的智慧交相辉映，让人仿佛穿过历史的漫漫隧道，油然生出曙色在望的愉悦和欢欣！近代思想史论"后记"中哲理警句俯拾即是：

"黑格尔和马克思都说过，巨大的历史事变和人物，经常两度出现。令后人惊叹不已的是，历史竟可以有如此之多的相似处。"

"历史的必然总是通过事件和人物的偶然出现的。……偶然不仅是必然的表现形式，而且还是它的'补充'，也就是说，并非每一偶然都一定是必然的体现。"

"农业小生产基础和立于其上的种种观念体系、上层建筑终将消逝，四个现代化必将实现。人民民主的旗帜要在千年封建古国的上空中真正飘扬。"

哲人就是哲人！这篇写于1978年秋天的"后记"，对中国现代化发展趋势的预言是何等的准确明晰，语气又是何等的坚定从容，尤其是从太平天国、辛亥革命等近现代史上一系列历史事件中总结出的历史规律，又是何等的清澈澄明！我对李泽厚著作的阅读，以前更偏重美学和学术札记，特别喜欢他的文字风格，对《美的历程》和《走我自己的路》，真是什么时候拿起都舍不得放下，总能沉浸其中，流连忘返，而并没有特别看重他的思想史论。直到1990年代初的这段特殊时期，李泽厚思想史论的分量在我心里一下子重了起来，几乎成为我疗救精神的一服药剂。如果说《说不清明天的风》那幅油画带给我的是艺术的感动和美的陶醉，李泽厚给予我的则是思想的激荡和思维的愉快。一是感性，一是理性，却同样无可救药地让我迷恋不已。它们共通的一点是，让人从迷惘和彷徨中走出，坚定了向前的信心和勇气，而不大去管眼前或明天是什么样的风！

两年多以后，邓小平又一次用他那只夹着熊猫烟卷的手，在中国的南海边划了几圈，顿时扭转了那艘偏离了航向的时代巨轮！记得是1992年春天一个星期天的下午，我百无聊赖地躺在床上看书，一位已经弃教从政几年未见的朋友翩然来访。不为别的，就是为了专门给我通报邓小平南巡讲话的内容。当时，讲话还没有公开传达，朋友知我，特地来向我报告这一早春消息。两个人畅谈了半晌，皆有欢欣鼓舞之色。然后，就是新一轮经济改革启动，社会上涌起"下海"狂潮，淘金大军纷纷南下。而我们呢，则涛声依旧，又重新踏踏实实心安理得地教我们的语文。也算是身无分文，心忧天下吧！也就是从

1992 年开始，我在教学发展道路上收获不断。业务上接连获奖，市里的，省里的，直到被评为特级教师和获享政府津贴，等等；正是因为有了那些年的业务积累，到了新世纪钟声敲响的时候，一轮新的人才流动潮又起，我也随波逐流，漂泊到了百年名校苏州一中，开启了一段全新的教育生活。

回顾 1990 年代初期那段心情黯淡的日子，我由衷地感谢李泽厚先生！如我这般非常普通平凡、阅历甚浅的年轻人，在生活的激流里，一不小心就会消极迟暮乃至沉沦下去，尤其是在历史急剧转弯的时候。我很庆幸，我没有浪掷那一段光阴，也没有在"说不清明天的风"的时候，浑浑噩噩地失却生活的动力和方向！

<h1 style="text-align:center">五</h1>

当历史的车轮行至世纪交接的时候，中国，一下子快速运转起来。其速度，其旋律，其节奏，令人头晕目眩！经济快速发展了，人们忙碌着，奋斗着，幸福着；也困惑着，茫然着，失落着。中国的现代社会虽然姗姗来迟，但毕竟如"青山遮不住"的一江春水，汹汹涌涌、蓬蓬勃勃地来到了。这毕竟是可喜的事；然而，社会转型的阵痛也接踵而至。

而正是在这社会深刻转型、观念急剧碰撞的非常时期，李泽厚思想和哲学的巨大价值也更加鲜明地凸显出来。哲学的使命是唤醒，思想的价值在启迪，李泽厚的很多论断为我们观察社会现象、判断现实问题提供了极大帮助。如同一首流行歌曲所唱："雾里看花/水中望月/你能分辨这变幻莫测的世界/涛走云飞/花开花谢/你能把握这摇曳多姿的季节……"不同于 1980 年代能在每一所大学文科生的宿舍找到李泽厚著作，而此时，李泽厚却是在民间流行。也许，只有在民间流行的思想，才是真正有力量的思想！

这一时期，李泽厚关于教育的一些论述引起了我的关注。在李泽厚庞大的学术体系里，教育并不占多少地位，然而，哲学家的人文情怀还是使他在演讲、著作、谈话的边边角角之处，涉及到教育问题，而且把教育提到了从未有过的高度。世纪之交，李泽厚出版了新著《世纪新梦》，其中集中阐述了他曾在其哲学著作中反复表达过的思想："语言学是二十世纪哲学的中心，教育学——研究人的全面生长和发展、形成和塑造的科学，可能成为未来社会的最主要的中心学科。"李泽厚认为，社会的现代化程度越高，人们的心理建设任务越重。大工业生产，高科技生产，高速度，快节奏，剧烈竞争，必然带来人的心理焦虑和人际关系紧张，人成了科学技术和机器的"奴隶"，人也异化了自我。所谓"现代化焦虑"说的就是这层意思。李泽厚说："在现代科技高度发展的社会，文化心理问题却愈来愈迫切而突出，不是经济上的贫困，而是精神上的贫乏、寂寞、孤独和无聊，将日益成为未来世界的严重课题。"因此，李泽厚对教育有他自己的见解："教育不能狭义地理解为职业或技能方面的训练和获得，如在今天世界各地特别是在资本主义社会里那样。教育的主要目的是培养人如何在他们的日常生活、相互对待和社会交往活动中发展一种积极健康的心理。"无疑，李泽厚说的教育是真正着眼于发展提升人的全面素养、让人站立成真正的人的素质教育。李泽厚思想让我对自己置身其中的教育环境产生了深刻的反思和怀疑，常常自忖：我们有没有在冠冕堂皇的教育旗号下干着有悖教育规律的事？

思考的结果是出了两本书：《语文美育叙论》和《什么是真正的教育——50位大师论教育》。前者集中表达了我的语文教学理念和实践路径，简而言之，就是让学生在"语文学习"过程中，潜移默化地感受语文之美。由语文学科推及教育，在后一本书中，我借大师之"酒杯"浇自己心头之"块垒"，用大师们的言说表达自己对教育的一些理解和思考。我认为教育应该返璞归真，应该朴素而美好，应该走向最合规律，最为和谐，也最有利于人成长和发展的教育之美。这本《什么是真正的教育——50位大师论教育》，读者反响不错，忝列《中国教育报》评选的"2010年影响教师的100本图书"。我知道，即使这点微不足道的成绩，也是与李泽厚长期对我的濡养惠泽潜移默化分不开的。

从李泽厚那里得益更多的，其实还是思想方法的启迪。譬如，如何看待教育现实中有悖于教育规律的种种乱象？是愤世嫉俗怒发冲冠动辄拍案或者拂袖了之漠然置之，还是直面现实理性面对着眼建设知其不可为而为之？我从李泽厚历史主义和伦理主义的二律背反思想中得到诸多教益。李泽厚认为，历史本就是在悲剧性矛盾中行进的，前行中总是要付出巨大代价。历史主义讲"发展"，伦理主义讲"善"，两者一定是矛盾的。如何看待这种历史行程中的矛盾甚至悲剧，往往决定或影响着一个人的价值观和处世态度。置身于教育圈中，端着教师的饭碗，耳闻目睹教育生活中"伪教育"、"反教育"现象可谓多矣。但是，冷静地想一想，其中很多都是历史行程中的必然。我们还处在现代化的初级阶段，大多数家长们还指望孩子通过高考竞争跳出"农门"，不少孩子也正是在激烈的升学竞争中找到社会阶层的上升通道从而改变命运，一味地对违背素质教育的现象作"愤青式"谴责，其实并不够全面和公正，也无济于事。教育改革和社会改革，甚至和政治体制改革息息相关。在体制性障碍消除之前，这种现象无法根本改变。但是，即便如此，在现实的既定框架内，我们每一个人其实都有自己的努力空间。你是校长，可以不搞指标，至少不要以此作为唯一依据奖惩教师；你是班主任，可以不在名次上大做文章，至少不要歧视文化成绩不好的学生；你是任课教师，可以在改进课堂教学上多动脑筋，至少不要为了挤占时间而对作业任意加码；更重要的是，你可以通过对教育教学规律的彻悟，发现和创造属于你自己的那份职业幸福，当然也包括学生的幸福。总之，比批判更重要的是建设！这不是妥协，其实是个人直面历史正视现实的一种清醒和理性。莫斯科不相信眼泪，教育也不相信。与其被动无奈，莫如主动争取勉力而为。

再如，在教育改革进程中，如何看待西方教育思想和中国传统教育智慧的关系？李泽厚的文化观也对我们启发良多。如何看待传统文化，李泽厚一直是既不保守又不激进。他既不主张激进地否定传统全盘西化，又不赞成不分青红皂白地照搬所谓"国学"精粹。一方面，李泽厚主张大力引进西方先进观念，但同时他又主张继承汲取传统文化精华。用李先生自己的话说叫做"转换性创造"。可以说，李泽厚后半生孜孜矻矻就是致力于这种思想文化的"转换性创造"。教育也是一种文化。用李泽厚的思想观照我们近些年一波接一波的教育喧腾，很多现象就可以看得比较清楚。即以语文教育为例。我们母语教育的优秀传统，尤其是五四以来叶圣陶、朱自清、夏丏尊等那一代语文巨匠的教育经验，我们真的能说扔就扔弃之若敝屣？真的能轻率地全盘否定或者动辄"走出窠臼"？那种过分的激进，是不是可以说是思想方法的片面褊狭或者不够成熟呢？因此，还在各种时髦口号漫天飞舞、新式概念如火如荼之时，我即相继提出重视语文教学的"语文味"问题、语文的人文性和工具性血脉相连、文体使语文成为语文、比理念更重要的是发现和传达学科的魅力等一系列观点。纵然人微言轻，但毕竟也发出过经过理性思考属于自己的声音。我还和我的教育同仁们一起，在力所能及的范围内推动开展学习实践著名教育家叶圣陶教育思想的活动。我们共同认为，西方有西方的教育哲学，东方有东方的教育智慧。随着东西方文化的交流，东西方的文化包括教育都在不断吸取对方的长处，但绝不应该是全盘照抄；我们要在学习借鉴一切先进教育思想的基础上，努力完成传统教育的现代化转型。坦白地说，李泽厚关于现代化进程中传统文化"转换性创造"的思想，给了我们颇多的教益、启发和帮助。

这样的例子其实还可以举出很多。哲学就是科学加诗。读李泽厚的书，你会时常领略到洞悉事物本质的科学之美和慧眼透视红尘的人生诗意！

六

人生确是一件非常奇妙的事。许多事你想都不敢想，可是，"偶然"的机遇竟然会使乍看遥不可及的事情成为现实。譬如我读李先生的书，本就是一个人静悄悄地只凭兴趣阅读，自己喜欢就行了，从没有想过写些什么，也没有和朋友们交流过，更没想过要和李先生建立什么联系。李泽厚，我和他离得太远了！

一次，大约是 2003 年前后，我在书店买了本《原道》杂志。杂志上有编辑部联系电话，而杂志的主编是中国社会科学院研究员陈明先生。我忽然想起，陈明曾和李泽厚先生作过长篇对谈，出版了那本影响甚广的《浮生论学——李泽厚陈明 2001 年对谈录》。他们两人熟悉亲密的程度，只要读过那本对谈录的人，想必都会有很深的印象。我一时心血来潮，可不可以通过陈明对李泽厚作更多的了解呢？怀着颇为忐忑的心情，我拨通了《原道》编辑部的电话，很巧，接电话的正是陈明先生。陈明很忙，听我简单阐述了想法后说："这样吧，我把李先生的电话留给你。你直接和他联系吧。"随后，陈明把李先生北京和美国的联系电话都给了我。

也许是事过境迁，也许是课务一忙把这事给忘了，或者是我压根就没敢想和李泽厚联系，总之，李先生的电话我从没有拨过，说得确切一点，是一次也没敢拨过。后来，我已记不清是什么原因、什么背景或者是什么机缘，总之，有一天，我莫名其妙地拨通了李先生美国的电话。"喂，请问你是哪位？"我是第一次打越洋电话，大洋那边传来的声音如此清晰，令我惊讶，更令我吃惊的是老先生的声音竟是那样响亮。于是，鬼使神差一般，我说的第一句话竟然是："李先生，您好！真没有想到您的声音是这样年轻！"已是年近八十的人了，声音中竟然听不出苍老的感觉。可能是我这开场白让老先生高兴了一回，他爽朗地笑了起来："是吗？你感觉很年轻吗？"李先生这一笑，让我原本紧张的心情一下子放松起来。于是，我们在电话里就像朋友一般聊了起来。我倾诉了多年来读先生书的感受和先生著作对我的帮助，也表达了想进一步走近先生譬如经常打打电话聆听教海的愿望。李先生爽快地答应了我的要求，告诉我随时可以打电话过去，当然也没忘记告诉我注意时差，并且要了我的电话，李先生说，以后你拨通之后，我可以打给你，这样比较便宜。这可真让我受宠若惊！接下来的事情就不用细说了。从那以后，每隔一段时间就要打电话过去和李先生聊聊，有时是请教书里的问题，有时是探询先生的身世，有时干脆就是不着边际的聊天。再以后，我们有了若干次的见面，有了几番面对面的亲切交谈……

庚寅年晚秋时节，天高气爽，温润如春，李先生来江南小住。在太湖之滨一处翠竹环抱幽雅宜人的乡间别墅，我们和着鸟鸣对着青山有过多次海阔天空的晤谈。那天傍晚，我们几人坐在窗外闲聊。我又一次说起了过去曾经说过多次的阅读李先生著作的感受，说起李先生思想给我的启发和帮助，只见李先生久久未语，半晌，好像是自言自语地喃喃道："没想到我的那本小书有那么大的影响。"（指《走我自己的路》——笔者注）此时，我分明看到，短短一瞬间，李先生眼里有晶莹的东西闪过，很快，又恢复了平时特有的精警和敏锐。我们都默然无语，沉浸在一种幸福而美好的氛围中。远处，山峰逶迤，晚霞如火，一轮夕阳在山影映衬下，分外娇艳，缓缓而无限眷恋地在两山对峙的空隙之间踟蹰……

我蓦然想起一代大师陈寅恪的著名诗句："一生负气成今日，四海无人对夕阳"。我知道，李泽厚先生或许不会写这样豪气四射傲岸孤高的诗句，但用它来概括李先生的学术生涯和成就，窃以为还是颇为恰切妥帖。以李泽厚的才情、识见尤其是哲学玄思，说李泽厚"四海无人对夕阳"并不为过。毫无疑问，李泽厚的学术思想站上了这个时代的制高点。早在1988年，台湾《风云思潮》丛书出版，收录李泽厚《当代思潮与中国智慧（中国思想界第一人）》，有国内知名学者为之作序，就曾作出以下评价："在二十世纪七十—八十年代的中国思想界，李泽厚无可争议地，占据着一席特殊而重要的地位。""处在这个时期的李泽厚，实际成为中国思想界一位承先启后的枢纽性人物。李泽厚的哲学特点，在于他的天才，他的敏锐，他的博学，以及那种高度的思辨性。""公平地说，对于被迫生活在五十一六十年代，那种正统教条主义哲学模式中，很难发挥任何独立创造性的这一代学者来说，出现李泽厚是一个奇迹。而较诸与他同时代的，某些至今抱残守缺的，因袭着老一套陈旧僵化模式的思想侏儒来说，李泽厚无疑是一个巨人。"

是的，李泽厚是一位学术巨人；而且 1980 年代之后，李泽厚的思想又跃上了新的高度。我想说的是，对于这样一座巍峨的学术山峰，直到今天，人们似乎还远没有充分认识到她重大而深远的价值！就在本文写作过程中，我读到了有关李先生学术影响的最新消息：李泽厚入选国际上批评理论、文学理论权威性著作《诺顿理论和批评选集》。该书 2001 年出版后好评如潮，成为全世界各地大学最流行、最重要的批评理论教材之一。2010 年此书出第二版，此版收入 148 位著者的 185 篇作品，始于古希腊的高尔吉亚、柏拉图、亚里士多德，号称为"最全面深广"、"最丰富多彩"的选本，将成为理论和批评的"黄金标准"。该书编者在"前言"的开头第二段即自豪地宣称，第二版的最重要新特色之一是选入四位非西方的学者的著作，其中包括中国的李泽厚……。在著者评介中，编者一开始即惊叹："李泽厚是当代中国学术界的一个奇观！……他所发展的精致复杂、范围宽广的美学理论持续地值得注意，特别是其中关于'原始积淀'的独创性论述。"该书编者认为，李泽厚在融合东西方众多思想传统的基础上构建起他的哲学和美学体系，而其著作的最深根基则是康德、马克思及传统中国思想。（贾晋华：《走进世界的李泽厚》，《读书》2010 年第 11 期）如果说 1988 年当选巴黎国际哲学院院士，标志着李泽厚的哲学成就获得国际认可，那么，这次入选《诺顿理论和批评选集》，则意味着李泽厚已经跻身于世界古今第一流文艺理论家和美学家之列。由此推想，李泽厚学术研究三大领域中与哲学、美学鼎足而立的思想史论，其卓越建树赢得举世公认、享誉全球的日子还会远吗？

云山苍苍，江水泱泱。先生之风，山高水长！

七

最后，就本书编选原则、体例作一简单说明。

一、李泽厚著作版本甚多。遵照李泽厚先生的意见，本书选文均以最新出版的北京三联书店 2010 年版《李泽厚集》（10 卷）为据，只有 3 篇近年答问选自报刊。

二、本文以中小学教师以及师范院校学生为主要读者。考虑到本书的普及性质，不收入专业性太强的学术论文，而尽量选录通俗易懂之作。征得作者同意，对原注作以下处理：系引用他人的，移至正文加括号注明；系引申正文观点的，则从略。

三、选文标题一般依照原题，个别文章因篇幅有限节选了部分文字。节选文字均另拟标题，并在括号中加※说明。

四、编排不以时间为序，而从有利于读者阅读出发，尽量照顾到内容之间的内在线索和逻辑。在每篇文章结尾标明发表时间，出处则从略。

五、为了让读者在有限篇幅内领略李泽厚的思想全貌和语言风采，除选文外，从李泽厚的著作中摘录文质兼美的语段若干，专列一辑，以飨读者。

因编者水平所限，选文难免有遗珠之憾，编排小恐有失当之瑕。敬祈读者鉴谅。

深深感谢李泽厚先生给予我这一份特别的信任和荣誉！也感谢朱永通先生、林茶居先生、李永梅女士以及华东师范大学出版社为本书问世所做的努力！

杨　斌

2010 年 12 月于姑苏

图书在版编目(CIP)数据

李泽厚论教育·人生·美:献给中小学教师 / 李泽厚著;杨斌编
选.—上海：华东师范大学出版社,2013.6
（大夏书系·十年经典）
ISBN 978－7－5675－0818－7

Ⅰ.①李...Ⅱ.①李...②杨...Ⅲ.①社会科学-文集 Ⅳ.①C53

中国版本图书馆 CIP 数据核字(2013)第 131248 号

大夏书系 · 十年经典

李泽厚论教育·人生·美
——献给中小学教师

著　　者	李泽厚
编选者	杨 斌
策划编辑	朱永通
审读编辑	杨 霞
封面设计	奇文云海
责任印制	殷艳红

出版发行　华东师范大学出版社
社　　址　上海市中山北路 3663 号　邮编　200062
网　　址　www.ecnupress.com.cn
电　　话　021-60821666　行政传真 021-62572105
客服电话　021-62865537
邮购电话　021-62869887　地址　上海市中山北路 3663 号华东师范大学校内先锋路口
网　　店　http://hdsdcbs.tmall.com/

印 刷 者　北京密兴印刷有限公司
开　　本　710×980　16 开
印　　张　15
插　　页　2
字　　数　223 千字
版　　次　2013 年 8 月第一版
印　　次　2015 年 11 月第二次
书　　号　ISBN 978－7－5675－0818－7/G·6558
定　　价　39.00 元

出 版 人　朱杰人

（如发现本版图书有印订质量问题,请寄回本社市场部调换或电话 021-62865537 联系）